Os Procedimentos Clínicos nas Ciências Humanas
Documentos, Métodos, Problemas

CLAUDE REVAULT D'ALLONNES
COLETTE ASSOULY-PIQUET, FETHI BEM SLAMA, ALAIN BLANCHET,
OLIVIER DOUVILLE, ALAIN GIAMI, KIM-CHI NGUYEN,
MONIQUE PLAZA, CLAUDINE SAMALIN-AMBOISE

Os Procedimentos Clínicos nas Ciências Humanas
Documentos, Métodos, Problemas

TEXTOS COORDENADOS POR
ALAIN GIAMI E MONIQUE PLAZA

TRADUÇÃO: ZAKIE YAZIGI RIZKALLAH E LAILA YAZIGI MASSUH
REVISÃO: LATIFE YAZIGI

© 2004 Casa do Psicólogo Livraria e Editora Ltda.
É proibida a reprodução total ou parcial desta publicação, para qualquer finalidade, sem autorização por escrito dos editores.

1ª edição
2004

Editores
Ingo Bernd Güntert e Silésia Delphino Tosi

Produção Gráfica & Capa
Renata Vieira Nunes

Ilustração Capa
Matisse – Nu Azul IV (1952)

Editoração Eletrônica
Angélica Gomes Borba

Revisão Gráfica
Adriane Shirmer

Dados Internacionais de Catalogação na Publicação (CIP)
(Câmara Brasileira do Livro, SP, Brasil)

Os procedimentos clínicos nas ciências humanas: documentos, métodos, problemas / textos coordenados por Alain Giami e Monique Plaza; tradução Zakie Yazigi Rizkallah e Laila Yazigi Massuh; revisão Latife Yazigi. — São Paulo : Casa do Psicólogo®, 2004.

Título original: La démarche clinique en sciences humaines.
Vários autores.
Bibliografia.
ISBN 85-7396-216-X

1. Entrevistas 2. Pesquisa psicológica 3. Psicologia clínica 4. Psicologia clínica – Estudo de casos 5. Psicologia clínica – Pesquisa 6. Técnicas projetivas I. Giami, Alain. II. Plaza, Monique.

04-0867   CDD-150.72

Índices para catálogo sistemático:
1. Procedimentos clínicos: Psicologia clínica: Pesquisa   150.72

Impresso no Brasil
Printed in Brazil

Reservados todos os direitos de publicação em língua portuguesa à

Casa do Psicólogo® Livraria e Editora Ltda.
Rua Mourato Coelho, 1.059 – Vila Madalena – 05417-011 – São Paulo/SP – Brasil
Tel.: (11) 3034.3600 – E-mail: casadopsicologo@casadopsicologo.com.br
http://www.casadopsicologo.com.br

SUMÁRIO

AGRADECIMENTOS XIII
APRESENTAÇÃO DA TRADUÇÃO PORTUGUESA-
    BRASILEIRA XV
PREFÁCIO XIX

PRIMEIRA PARTE

HISTÓRIA E PROBLEMÁTICA DA PSICOLOGIA CLÍNICA

A PSICOLOGIA CLÍNICA: OS DESAFIOS DE UMA DISCIPLINA,
    POR MONIQUE PLAZA 3
1949: nascimento de um projeto 3
Riqueza e ambigüidades de uma disciplina
    controvertida 6
A pesquisa de uma posição antidoutrinária 9
Crises de identidade: a angústia da "disciplina
    imaginária" 12

PSICOLOGIA CLÍNICA E PROCEDIMENTO CLÍNICO,
    POR CLAUDE REVAULT D'ALLONNES 17
Da psicologia ao procedimento clínico 17
    Uma posição privilegiada 17

Uma posição frágil 20
Desafios metodológicos e epistemológicos 21
O procedimento clínico **21**
Ligação com a prática 22
Papel da demanda 22
Importância da relação 24
Consideração da implicação 24
Relações com a psicanálise 26
Reavaliação do social 28
O rigor no procedimento clínico **31**
As exigências 31
Conhecimento e desconhecimento 32

PESQUISA EM PSICOLOGIA CLÍNICA OU PESQUISA CLÍNICA,
POR ALAIN GIAMI 35

O conhecimento científico: um momento de intervenção clínica **35**

A pesquisa em psicologia clínica **37**

A pesquisa clínica **40**
As ambigüidades da pesquisa clínica 40
Situação de intervenção e dispositivo de pesquisa 41

A articulação entre a intervenção e a pesquisa: proposições para a pesquisa clínica **44**
Suspensão, retomada e a posteriori: a consideração da temporalidade 45
Norma e regra 47

SEGUNDA PARTE

QUESTÕES DE MÉTODO

O DOCUMENTO: O REGISTRO, A INTERPRETAÇÃO E A VERDADE
A ESTRATÉGIA DO DOCUMENTO E SUAS INCLINAÇÕES,
POR MONIQUE PLAZA 53

O documento do clínico: uma perspectiva dos registros. 54
   Do material ao registro 54
   A reelaboração dos registros e sua comunicação 57

**A transformação de uma escrita em documento:
os registros da inteligibilidade 59**
   O documento clínico: o princípio da justaposição 60
   O documento psicopatológico: a superposição 62

**O documento, estratégia de inquisição: a prova e o
testemunho 64**
   O documento e a prova 64
   O documento e o testemunho 67

O ESTUDO DE CASO: DA ILUSTRAÇÃO À CONVICÇÃO,
POR CLAUDE REVAULT D'ALLONNES 69

Possibilidades 70

Funções 72
   Informar/Formar 72
   Ilustrar 73
   Problematizar. A questão da teoria 73
   Apoiar, provar? Convencer 74

Enunciado, Implicação **75**
    Enunciar 76
    Enunciar e situar 76
    Elaborar os processos complexos. Ler em vários níveis 77
    Estudo de caso e encontros clínicos 79
Os processos de construção **80**
    Limitação 80
    Seleção 80
    Naturalização 81
    Do descontínuo ao contínuo 81
    Redução 82
    O trabalho da escrita 83
Verdade e ilusão do "vivido" **84**
    A força persuasiva do estudo de caso 85
    Do singular ao geral 85
    Contradições, ambigüidades, riqueza da noção do vivido .. 86
Entre realidade, verdade e convicção:
o trabalho da dúvida **88**

A Entrevista: a "Co-construção" do Sentido, por Alain Blanchet 91

Definições **92**
    Entrevista clínica / entrevista de pesquisa 92
    Os atos da entrevista clínica 93
A eficácia terapêutica **94**
    Psiquismo e discurso 95
    Fragmentação do psiquismo 96
    Reorganização do psiquismo 98

Sumário

Os atos do profissional 100
    As inferências do profissional 101
    As intervenções terapêuticas do profissional 104
Conclusão 107

O Teste Projetivo: Ver, Imaginar, Fantasiar.

1. A Criação Projetiva, por Kim-Chi Nguyen 109

O perfil psicológico 110
O objetivo das técnicas projetivas 111
    O material mediador 111
    O processo da resposta 113
    A criação projetiva 113
A projeção e a estrutura da personalidade 114
    A psicologia projetiva 116
    Os Diferentes tipos de projeção 116
O inventário psicológico e seu quadro 117
    A dinâmica interpessoal 117
    O "hic e nunc" e a dinâmica intrapessoal. 118
Análise de um protocolo 121
    Análise da situação "aqui e agora" 121
    Análise da dinâmica do discurso projetivo 123
Conclusão 126

2. A Mediação Projetiva: o Exemplo do Rorschach e do T.A.T., por Olivier Douville 129

Garantir a aplicação de um protocolo 129
    A situação projetiva 129

As diferentes utilizações das metodologias projetivas 131
Precauções metodológicas 132
A situação das técnicas projetivas: um protocolo, como compreender sua origem? 133
Procedimento diagnóstico 133
As perspectivas metapsicológicas 135
O exemplo do T.A.T 136
Em direção a uma elaboração crítica 138
O campo do olhar 138
As condutas verbais 142
Conclusão 144

TERCEIRA PARTE

MUDANÇAS DE POSIÇÃO, TOMADA DE DISTÂNCIA

A QUESTÃO DA CONTRATRANSFERÊNCIA NA PESQUISA, POR FETHI BEM SLAMA 149
O problema 149
Contratransferência e implicação 151
A contratransferência segundo G. Devereux 153
Um movimento do pensamento geral 157
Contratransferência e transferências múltiplas 159

Sumário

O PROFISSIONAL PESQUISADOR E O PESQUISADOR INTERVENIENTE, POR ALAIN GIAMI ET CLAUDINE SAMALIN-AMBOISE 163

Argumento 164
O profissional pesquisador 166
    A reflexão sobre a prática 167
    Da reflexão sobre a prática ao questionamento de
    pesquisa 170
    Escuta terapêutica e escuta de pesquisa: as interferências 174
    Produção de conhecimento e comunicabilidade 177
O pesquisador que intervém 178
    As demandas 179
    A gestão das situações de coleta de material 182

O TRAÇO: TRANSMISSÃO, REPETIÇÃO, MEDIAÇÃO POR COLETTE ASSOULY-PIQUET 189

A transmissão: o dirigir-se ao outro 190
    Psicologia clínica e psicanálise 191
    A posição do leitor 194
A repetição: o duplo e a ausência 197
    O duplo perseguidor 198
    O lugar da ausência 201
A mediação: a memória 204
    O luto impossível 205
    O duplo e a morte 206
    O trabalho do filme 208

BIBLIOGRAFIA 213

AGRADECIMENTOS

Esta obra foi concebida, preparada, escrita pelos membros de um Seminário de Pesquisa do Laboratório de Psicologia Clínica (Universidade de Paris VII) que há sete anos se dispôs promover uma reflexão epistemológica aberta sobre a pesquisa clínica. Nesse sentido, continua o trabalho apresentado durante os colóquios de 1982 ("Fronteiras e articulações do psicológico e do social") e de 1986 ("Pesquisa clínica, clínica da pesquisa. O rigor, a contra-transferência do pesquisador")*, que abriu uma discussão mais precisamente centrada sobre o documento em clínica.

Uma etapa portanto em uma pesquisa de fôlego: ela prepara o caminho para um trabalho coletivo que conhece hoje novos desenvolvimentos.

Dois anos de trabalho foram necessários, durante os quais se sucederam exposições e discussões internas, intervenções de profissionais e de pesquisadores.

Queremos aqui agradecer particularmente a J. Favez-Boutonier, que nos concedeu uma entrevista muito útil para precisar certos pontos de história; a J. Barus-Michel, M. Huguet, R. Kohn, M. Pagès, R. Perron, C. Veil, por suas participações no Seminário, seu interesse, seu apoio ao nosso trabalho; a S. Novaes e M. Eleb-Vidal, por sua ativa presença no Seminário durante vários anos; A. Giami e M. Plaza, pelo difícil trabalho de coordenação efetuado para este livro.

---

* As atas dos colóquios citados foram publicadas no *Bulletin de Psychologie, Psychologie Clinique* VI, 1983 e *Psychologie Clinique* VIII, 1986 (o filme *Profission: chercheur* foi concebido e apresentado no colóquio de 1986).

A criação pelo laboratório da revista *Psychologie Clinique*, Edições Klincksieck, é um testemunho atual de novos desenvolvimentos da pesquisa.

APRESENTAÇÃO DA TRADUÇÃO LUSO-BRASILEIRA

Os procedimentos clínicos nas ciências humanas: Documentos, métodos, problemas, um livro organizado pelos psicólogos franceses Alain Giami e Monique Plaza, recebeu uma tradução cuidada e revisão técnica ímpar e primorosa de Latife Yazigi, pesquisadora internacionalmente reconhecida em psicologia clínica, professora titular da Escola Paulista de Medicina, UNIFESP. A obra é prefaciada por Claude Revault d'Allonnes.

Fiquei muito satisfeito com o convite da Dra. Latife para fazer uma apresentação da tradução luso-brasileira deste livro que me pareceu fundamental a todos nós que trabalhamos com pesquisa em psicologia clínica.

Os capítulos foram escritos por eminentes pesquisadores em psicologia clínica, bastante familiarizados com os desafios da pesquisa e com as sutilezas e armadilhas do cientista que também é co-responsável pelos destinos do paciente.

São autores dos capítulos: Alain Blanchet, Alain Giami, Claude Revault d'Allonnes, Claudine Samalin-Amboise, Colette Assouly-Piquet, Fethi Bem Slama, Kim-Chi Nguyen, Monique Plaza e Olivier Douville.

O texto está dividido em três partes: 1) história e problemática da psicologia clínica; 2) questões metodológicas e 3) mudanças de vértices na pesquisa psicológica e a distância relativa do pesquisador.

A primeira parte trata da história e problemática da psicologia clínica e contém três capítulos sobre as relações da psicologia clínica com: os desafios como uma disciplina, por Monique Plaza; com o método clínico, por Claude Revault d'Allonnes; e com a pesquisa clínica, por Alain Giami. Os capítulos apresentam a psicologia clínica com o rigor metodológico, mas sem a enfado de um pesquisador que mais pareceria uma personalidade obsessiva correndo atrás de manter os rituais para que nada escape ao controle.

A segunda parte aborda questões metodológicas. O capítulo inicial, de Monique Plaza, valoriza a pesquisa documental e discute as relações entre registro, documento e interpretação da verdade. O segundo capítulo foi escrito por Claude Revault d'Allonnes, psicólogo homenageado pelo *Bulletin de Psychologie nº 447* que tratou dos destinos da psicologia clínica. Focaliza o "Estudo de Caso: da Ilustração à Convicção"; seguido pelo capítulo "A Entrevista: Co-construção do sentido", de Alain Blanchet. Os testes projetivos são analisados em seguida com dois capítulos versando *sobre Ver, Imaginar e Fantasiar no Teste Projetivo e a Criação Projetiva*, por Kim-Chi Nguyen; e A *Mediação Projetiva: o Exemplo do Rorschach e do T.A.T.,* por Olivier Douville.

Os comentários sobre o delineamento de estudo de caso enfatizam que, muitas vezes, a observação, mesmo tomada em acepção ampla e diversificada, integra dados provenientes de fontes diversas: elementos de arquivos médicos, administrativos ou sociais, testemunhos, resultados de testes ou de exames, dados da anamnese provenientes de entrevistas, de atendimentos ou de acompanhamento psicoterápico, fatores históricos, culturais, institucionais, etc. Não se trata de um leque completo das perturbações psíquicas, mas de deixar plena liberdade àqueles que pensam poder reconstituir uma *trajetória psicodinâmica* diante de apenas um enunciado de uma história clínica. O valor de persuasão do delineamento pode ser afetada pelos problemas de descrição e de transcrição: coleta de dados, constituição de documentos, escritos. Dependendo dos cuidados do pesquisador, os resultados podem ser a evocação de uma realidade objetiva ou a produção de ilusões sobre a realidade.

É preciso observar que freqüentemente o autor do estudo de caso pouco ou nada diz de seus referentes teóricos e que a teoria funciona amiúde no implícito, acumulando o estudo de caso de uma pesada carga de não-dito e aumentando o peso inevitável de desconhecimento.

Decorre então que, mesmo entre grandes autores, tem-se a impressão de um golpe de varinha mágica ou de um coelho tirado de uma cartola. A denúncia de "fraqueza narcísica" e de "escolha de sintoma" não basta para compreender a impossibilidade de um pessoa dependente de álcool em busca da identidade, na qual o tédio toma a posição de um delírio no vazio e de uma busca de algo indeterminado e inefável.

As sessões clínicas também sofrem de uma limitação que acontece *de facto*, em função das possibilidades e dos limites da situação: uma mulher que vem se consultar quando está grávida ou quando quer uma interrupção voluntária da gravidez pode ter dificuldades diferentes na entrevista de admissão em um alojamento de jovens em situações de risco. Essa limitação e seus efeitos devem ser considerados como um primeiro dado em todo estudo de caso. Nesses casos está muito presente a discussão sobre a ética na pesquisa e a questão da deontologia no estudo de caso.

Em todo trabalho de pesquisa, em toda tentativa de explicação científica, da qual é uma passagem obrigatória, não é pois simples nem sem risco o processo de redução dos dados no estudo de caso. A redução no tempo e no espaço também é um fator preocupante: várias entrevistas de uma hora e meia, numerosos meses de psicoterapia, em uma exposição de 45 minutos, em algumas páginas de um artigo... Da escrita de empreitada da pesquisa à criação literária, é difícil comunicar o essencial de um encontro clínico, de um só *élan* ou por sucessivos patamares.

A força persuasiva do estudo de caso tanto pode representar um ponto forte como uma fraqueza metodológica deste delineamento. Apresenta-se a esse respeito dois problemas importantes: o risco de "basear toda uma teoria sobre um estudo de caso"; tratar-se-ia, portanto, de mais de "uma estratégia de conservação de uma teoria implícita da personalidade" do que de uma teoria científica. Refere-se a uma proposta caricatural, pois nenhum estudo de caso pretende fazer história da natureza humana. De tal forma deveria descrever o estudo de caso como *uma natureza-morta*: dele se mede os restos de sua construção, a seleção, a passagem do descontínuo ao contínuo, a contração, a naturalização, os saltos de todos os tipos. Fazer um estudo de caso é se colocar, estar em posição de um *"voyeur* científico", na qual se tenta tomar uma posição de saber, de poder, e assumir os riscos ou deles se esquivar.

No difícil trabalho do estudo de caso, é a dúvida que é o fundamental nesse delineamento de pesquisa, e nela está a garantia da honestidade, da mente aberta, da esperança depositada sobre um procedimento que tanto pode ser um castelo de cartas, ou pior, uma carta marcada.

Na terceira parte, são comentadas as mudanças de vértices na pesquisa psicológica e a distância relativa do pesquisador. A polêmica do uso da contratransferência na pesquisa clínica é apresentada e discutida por Fethi Bem Slama, que se apóia na teoria da contratransferência de G. Devereux. Alain Giami e Claudine Samalin-Amboise focalizam o tema "O Profissional Pesquisador e o Pesquisador que Intervém." As relações entre a transmissão da psicanálise e da psicologia clínica são analisadas e discutidas por Colette Assouly-Piquet em "A Marca: Transmissão, Repetição, Mediação".

A tradução está fiel ao espírito da pesquisa científica em psicologia clínica, realizada por eminentes psicólogos franceses. Trata-se de uma obra indispensável na estante do pesquisador que utiliza o método clínico em psicologia.

José Tolentino Rosa
Professor doutor do Curso de Pós-graduação em
Psicologia da Saúde, Faculdade de Psicologia e
Fonoaudiologia, Universidade Metodista de S. Paulo.

PREFÁCIO

Por Claude Revault d'Allonnes

É este um livro sobre o procedimento clínico: era urgente fazê-lo. Primeiro, por este estar tendo um desenvolvimento importante ao mesmo tempo que é objeto de grande demanda social, em medicina, psiquiatria, psicologia, sobretudo na área do trabalho social, onde sua criatividade é reconhecida.

Em segundo lugar, porque, se existem numerosos trabalhos sobre a prática, a intervenção e a pesquisa clínicas, essencialmente sob a forma de artigos freqüentemente pouco acessíveis, não existe obra de síntese, voltada a precisar a especificidade do procedimento clínico.

Enfim porque, de maneira aparentemente paradoxal, ela suscita reticências junto a certas instâncias universitárias e científicas, onde os trabalhos clínicos – ainda que interessantes, úteis e mesmo inspirados – são muitas vezes considerados como carentes de rigor.

O campo da clínica parece imenso e pouco definido, seus procedimentos científicos discutíveis, suas posições teóricas insuficientemente elaboradas.

Assumimos tais críticas e as rebatemos assim como assumimos as contradições, as ambigüidades inerentes à noção e ao projeto "clínicos".

A partir das imbricações da história e dos desafios de uma disciplina, a psicologia clínica, nosso primeiro objetivo é definir as diferentes acepções da clínica, precisar seu campo estabelecendo seus limites, analisar e discutir seus procedimentos, a fim de estabelecer a pertinência e a legitimidade e reforçar sua posição.

Não é nossa intenção sermos exaustivos ou mesmo ecumênicos ainda que, e porque, outros tenham tentado com sucesso fazê-lo em domínios próximos, com um espírito totalmente diferente[1].

Nosso ponto de partida é uma *reflexão crítica sobre os métodos*. Por quê?

As poucas obras que tratam de métodos nas ciências sociais insistem nos aspectos técnicos de sua utilização. Ora, dada a multiplicidade e a complexidade das situações nas quais o clínico é colocado, o procedimento clínico exige um reajuste constante de seus instrumentos, um permanente acerto metodológico. Isto porque pensamos que *a discussão e a crítica dos métodos são parte de sua apresentação e de sua transmissão*, sejam eles praticados de um ponto de vista clínico ou lhe sejam aplicados critérios ou instrumentos de análises exteriores a este ponto de vista, como fazemos alguns de nós.

Essa posição, que tem por corolário a exigência de uma verdadeira *criatividade metodológica*, é comum à equipe de redação. É ela que assegura a coerência do livro, ao mesmo tempo que sua pertinência junto aos leitores: pesquisadores, profissionais da área ou em vias de sê-lo, estão todos envolvidos em situações evolutivas, confrontados a processos complexos, colocados diante das possibilidades, das restrições, dos limites de um "material", que eles reúnem, sobre o qual trabalham e que têm necessidade de conhecer e dominar.

Nesse espírito decidimos apresentar e discutir os *principais métodos do procedimento clínico por meio dos diferentes tipos documentos que recolhe, e os modos de tratamento aos quais ele os submete*. Cada método é examinado a partir de um problema específico por ele levantado. Ele é considerado como o analisador de uma questão fundamental, seja:
- a constituição do documento: a marca, a interpretação e a verdade,

---
[1] W. Huber, La psychologie clinique d'aujourd'hui, 1987.

- o estudo de caso: da ilustração à convicção,
- a entrevista: a co-construção do sentido,
- o teste projetivo: ver, imaginar, fantasiar.

A reflexão sobre os métodos conduz inevitavelmente a se levantar a questão das *mudanças de posição* (sucessão, evoluções, modificações, substituição), *da regulamentação e da acomodação das distâncias* que tais mudanças acarretam e que são próprias ao procedimento clínico:

- entre prática, intervenção e pesquisa;
- no jogo das relações transferenciais;
- na marca e na transmissão.

Assim concebida, a metodologia torna-se um trabalho fascinante: *o espírito de pesquisa* está sempre presente ao mesmo tempo que é estimulado por uma *preocupação pedagógica*: não dar receitas, no sentido da estrita aplicação, mas informar, apresentar, criticar, discutir, em resumo, transmitir e formar, a partir da experiência na área e de problemas numerosos e de diferentes níveis por ela colocados.

A *teoria* tem, neste trabalho, um papel importante, mas bem específico: o esforço de teorização é onipresente, ainda que voluntariamente os problemas teóricos não são abordados de frente, para eles mesmos.

É que psicologia clínica, procedimento clínico, métodos clínicos, mantêm com a teoria uma relação particular: mais do que aplicá-la, trata-se de interpelá-la, de discuti-la, de levá-la a julgamento. É nas articulações, recuperações, falhas, atrasos, insuficiências das teorias existentes, confrontadas às exigências das situações que um pensamento teórico aberto, vivo, forçosamente multireferenciado, é possível e adaptado a seus objetos.

Poderia causar espanto que em um trabalho sobre o procedimento clínico, as práticas de grupo, a análise e a regulamentação institucionais não sejam tratadas por elas mesmas, ainda que a questão das instituições seja focalizada por diversas vezes e sob diferentes ângulos. Não é nosso propósito fazer aqui um trabalho de psicossociologia nem de psicologia social clínica, forte preocupação em outros pesquisadores[2].

Para nós, a *dimensão social é inerente à psicologia clínica, ao procedimento clínico*. Eles *colocam diferentemente a questão do social* e contribuem para sua renovação, mantendo-o ao mesmo tempo exterior e interior ao sujeito.

Daí o interesse constante levado:

- às situações de relacionamento e sociais diversificadas, evolutivas, interpelantes para os "atores sociais" como, às vezes, para o pesquisador,

- aos processos complexos de articulação do biológico, do tecnológico, do pulsional e do social,

- às relações, estruturantes e tão aleatórias, do social e da subjetividade.

Não seria o domínio do profissional clínico? A razão de ser de sua prática, de suas intervenções, de sua pesquisa, ao mesmo tempo que da demanda social que lhe é dirigida?

As relações do social e da subjetividade, da experiência clínica e da pesquisa, a questão do rigor, entre subjetividade, objetividade e objetivação, são alguns dos grandes temas que cruzam esta reflexão e atualmente a clínica. Se retornam e são retomados, é sempre a partir de uma posição comum, sob ângulos e abordagens diferentes, levemente deslocados, com uma relativamente grande exterioridade, que os recortam e contribuem para esclarecê-los.

---

[2] Principalmente os trabalhos de J. Barus-Michel (1987, 1988), os primeiros textos de M. Huguet (1971, 1983) e de seus grupos de pesquisa, conduzidos no programa do Laboratório de Psicologia Clínica (Universidade Paris VII).

PRIMEIRA PARTE

História e Problemática da Psicologia Clínica

A PSICOLOGIA CLÍNICA:
OS DESAFIOS DE UMA DISCIPLINA

por Monique Plaza

1949: NASCIMENTO DE UM PROJETO

Em 1949, Daniel Lagache profere, na Sociedade de Evolução Psiquiátrica, a Conferência intitulada "Psicologia clínica e método clínico". Lagache é professor adjunto em filosofia, psiquiatra e psicanalista. Ensinou durante muitos anos em Estrasburgo, onde instituiu os primeiros certificados em psicopatologia e psicologia social, antes de se tornar professor na Sorbonne.

Essa Conferência é um momento importante: ela tenta (re) definir uma psicologia "clínica" que seria dotada de uma autonomia em relação à medicina, à psicologia experimental, à psicanálise. O empreendimento não é novo, já que Janet tinha tentado fazê-lo na França no início do século 20. Nesta tentativa, Janet chocara-se com o primado experimentalista e fisiologista: em 1910, viu seu Laboratório da Salpêtrière fechado por Déjerine e em 1912 preteriram-no em favor de Piéron para a direção do Laboratório de psicologia fisiológica na Sorbonne. Janet esteve também em desacordo com a psicanálise: os conflitos Janet/Freud devem ser aqui lembrados, pois parecem ainda pesar, em surdina, nas relações da psicologia clínica e da psicanálise (cf. principalmente C. Prévost, 1973 e E. Roudinesco, 1986). No entanto, a tentativa de Janet de construir uma psicologia clínica permanecia extremamente tributária de uma psicopatologia, enquanto que a proposta de Lagache, em 1949, é dela se afastar, e inscreve-se *em uma evolução da psicologia*.

Em 1949, a psicologia tem sessenta anos. Desde o fim do século 19, ela se liberta da filosofia, aproximando-se da física e da fisiologia e reivindicando o qualificativo de "experimental", como garantia de seu rigor. Fechner, Von Helmholtz, Wundt, Galton, Ebbinghaus, estudaram em laboratório as sensações e percepções. Diante desses trabalhos que atomizavam a atividade mental, Wertheimer, Koehler, Koffka propuseram em Berlim uma "psicologia da forma" e Binet na França estudou os processos intelectuais em ambientes mais concretos do que os laboratórios, criando os primeiros testes de inteligência (M. Reuchlin, 1957).

A psicologia era objeto de ensino e pesquisas. Citemos alguns exemplos com respeito à França: em 1888, uma Cadeira de psicologia experimental e comparada é criada no Colégio de França (ela será ocupada por Ribot, depois por Janet entre 1901 e 1935); em 1889 é fundado o Laboratório de psicologia experimental da Sorbonne (que será dirigido principalmente por Beaunis, Binet, Piéron, Piaget, Fraisse); em 1921, é aberto o Instituto de Psicologia da Universidade de Paris, por iniciativa de Piéron; em 1923, é criado no Colégio de França uma Cadeira de fisiologia das sensações, entregue a Piéron.

Nesses diversos lugares de pesquisa e ensino, a psicologia que se construiu é, no conjunto, bem experimental. Sob a influência determinante de Piéron, privilegia a aproximação com a fisiologia (o certificado em psicofisiologia, obtido no quadro da licenciatura em psicofisiologia, é o único obrigatório e indispensável), a administração da prova em Laboratório e rejeita todo "mentalismo". Nesse sentido, ela se mostra convergente com a corrente pavloviana nascida na União Soviética e com a corrente comportamentalista fundada nos Estados Unidos sob a impulsão de Watson.

Ao lado dessa psicologia acadêmica de obediência experimental, surgem tentativas esparsas: o filósofo Politzer publica em 1928 sua *Crítica aos fundamentos da psicologia* concebida como o prelúdio à constituição de uma "psicologia concreta" (que não terá sucesso). Henri Wallon, igualmente filósofo e também psiquiatra, constrói uma "psicobiologia" na qual tenta articular o materialismo dialético e os ensinamentos da medicina, sem rejeitar a psicanálise; apoiando-se sobre a noção de desenvolvimento, Wallon constrói uma psicologia da criança, cria em 1927 o Laboratório de psicobiologia da criança e promove em 1942 o estatuto da psicologia escolar.

Em 1949, o movimento psicanalítico como tal está implantado na França já há anos é acometido por numerosos conflitos. Além dos desafios teóricos (sob a influência principalmente de Lacan, os defensores da "Psicologia do Ego", ou psicanálise adaptativa, são criticados), desafios estratégicos dilaceram a comunidade psicanalítica. Entre eles, um refere-se à psicologia: trata-se da psicanálise pelos não-médicos, chamada "análise leiga". O processo levantado em 1951, pelo Conselho da Ordem dos Médicos, contra uma psicanalista não-médica que clinicava em um centro psicopedagógico, é deste ponto de vista exemplar (cf. Roudinesco, 1986). Diante desta questão fundamental, certos psiquiatras propõem pura e simplesmente integrar a psicanálise à medicina; outros, como Lagache, Juliette Favez-Boutonier e Françoise Dolto, reivindicam o princípio da "análise leiga".

Neste contexto, a definição de uma "psicologia clínica" por Lagache parece carregada de esperanças e ambigüidades. Diante de uma psicologia que se afirma prioritariamente experimental, propõe um outro modo de abordagem, mais global, da pessoa. Diante de uma psiquiatria que quer preservar sua preponderância na abordagem dos fenômenos patológicos, trata-se de afirmar a possibilidade de uma psicologia que tem seus objetos e métodos próprios. Diante de uma psicanálise que hesita em se separar da medicina, aponta uma alternativa: a entrada na psicologia. Desafio extremamente complexo dos quais Lagache, a partir da perspectiva ternária que defendia (filosófica, psiquiátrica, psicanalítica) podia esperar controlar as contradições.

RIQUEZA E AMBIGÜIDADES DE UMA DISCIPLINA CONTROVERTIDA

Na conferência inaugural sobre a psicologia clínica (que, devemos lembrar, dirige-se a psiquiatras), Lagache define a "psicologia clínica" como uma "disciplina" fundamentada sobre "o estudo aprofundado de casos individuais". Seu objeto é, segundo ele, "o estudo da conduta humana individual e de suas condições (hereditariedade, maturação, condições fisiológicas e patológicas, história de vida). Em resumo, o estudo da pessoa total "em situação" (Lagache, 1949, p.156). Tal definição é ao mesmo tempo ambiciosa, vaga e restritiva. Ambiciosa, porque visa à totalidade de um ser na totalidade de seu campo: nada mais exaustivo. Vaga, porque se apóia sobre noções imprecisas que parecem não responder à amplidão desse projeto: o que representam a "conduta" (noção de Janet), a "pessoa"? Restritiva, porque cita como condições da "conduta" dos elementos que decorrem do médico e do fisiológico (hereditariedade, maturação, condições fisiológicas e patológicas), deixando o social apagar-se sob a "história de vida".

Na Conferência, Lagache utiliza noções médicas, e mesmo experimentais: o método clínico repousa sobre a "observação", inspira-se no princípio da unidade do "organismo", do qual estuda as "reações". Tem por objetivo essencial estabelecer um "diagnóstico" dos problemas colocados pelo "cliente". Os primeiros argumentos do texto deixam assim supor que a psicologia clínica não seria senão uma psicologia médica: ora, para Lagache, o desafio é destacar a psicologia da medicina. Para responder a um tal objetivo, Lagache vai ampliar o campo de investigação da disciplina que quer promover: como a psicologia médica tem por objeto as perturbações e disfunções da personalidade, a psicologia clínica estende sua abordagem a todos os setores da conduta humana "adaptada" ou "inadaptada". Ela se aplica por exemplo *aos domínios não delimitados pela psiquiatria, não cobertos pela noção de doença mental:* delinqüência, conflito conjugal, inadaptação ao trabalho. Visa certamente "curar", mas também "aconselhar" e "educar": aproxima-se assim a setores do conselho social e da pedagogia, que Piéron e Wallon tinham em parte separado da psicologia (criação do Instituto Nacional de Orientação Profissional por Piéron, do cargo de psicólogo escolar por Wallon).

A base teórica da tentativa de Lagache tem muitas referências: o autor cita trabalhos de Jaspers, de Blondel, da biologia, da fenomenologia, da psicanálise. Mas, excetuando-se a ênfase dada à noção de conflito e à questão da transferência e da contratransferência, a psicanálise não aparece como uma referência central, ainda que ocupe um lugar no dispositivo psicológico, enquanto que "ultraclínica". Tudo se passa como se, no texto, Lagache, mesmo então empenhado em trabalhos de esclarecimento teórico dentro da psicanálise, privilegiasse referências dominantes em psicologia em detrimento de conceitos psicanalíticos: ele reduz, por exemplo, a linguagem a um setor da conduta e coloca um impasse quanto ao conceito de inconsciente. Mas é verdade que Lagache dirige-se a psiquiatras e que lhe é preciso afirmar a existência de uma psicologia independente da medicina, no entanto, plausível: projeto que suscita na maior parte dos médicos presentes uma clara oposição. É verdade também que constituir a psicologia clínica em *disciplina universitária* que desembocasse um uma formação, um diploma, exigia movimentar-se em certas normas de pensamento, responder a certos critérios acadêmicos. Levantava-se então um problema crucial: como legitimar um saber de fato marginal que fosse garantido pela transmissibilidade, pela comunicabilidade?

Em 1949, Lagache toma um modelo heterogêneo: definindo o diagnóstico como finalidade principal da psicologia clínica, ele adota uma norma médica; mas se a psicologia clínica conserva estreitas ligações com a psicopatologia, ela vai além para apoiar-se sobre uma psicologia geral que inclui todas as dimensões (normais, patológicas, individuais, sociais) da conduta. Definindo a psicanálise como "ultraclínica", Lagache a integra implicitamente como modelo acabado; mas ele a reduz também a ser um pólo de referência entre outras.

Atacado por um lado pelos psiquiatras, o projeto de Lagache é submetido à crítica pelo filósofo Georges Canguilhem que, contemporâneo de Lagache, Nizan, Aron, Sartre na École Normale Supérieure, fizera como Lagache estudos em medicina. Em uma Conferência publicada pela primeira vez em 1958, intitulada "O que é a psicologia?", Canguilhem questiona a psicologia por temer que ela não fosse um "empirismo heterogêneo, literariamente codificado para fins de ensino" (Canguilhem, 1966, p. 79). Diz ter retirado dos trabalhos de psicologia a impressão de que eles "misturam a uma filosofia sem rigor uma ética sem exigências e uma medicina sem controle" (p. 79). O projeto de Lagache lhe parece duplamente criticável. Por um lado, no que propõe uma unidade da psicologia que "parece antes um pacto de coexistência concluído entre profissionais do que uma essência lógica" (p. 80); por outro lado, porque ao dar à psicologia o *status* de teoria geral da conduta, ela "fez sua alguma idéia do homem" (p. 81). Canguilhem deplora o fato de que a psicologia se tenha destacado da filosofia, que ela não mais se submeta a seu controle epistemológico.

Essa noção de "homem" que a psicologia e o projeto de Lagache teriam integrado como uma evidência, foi precisamente na década de 1950 e 1960 o alvo de uma corrente muito crítica identificada sob o nome de estruturalismo. Barthes no campo da lingüística, Foucault, Althusser no nível de filosofia, Levi-Strauss no plano da etnologia, foram os autores-guia dessa discussão: as ciências ditas humanas interrogaram-se sobre a pertinência de uma noção que se tornara seu próprio objeto. Dentro do campo psicanalítico, Lacan – a princípio aliado de Lagache na oposição à política da Sociedade Internacional de Psicanálise – participou de uma parte dessa discussão. Lacan colocou sobretudo como alvo a concepção do "Eu", a que a maior parte dos psicanalistas americanos haviam atribuído uma função autônoma e sintética. Nessa releitura lacaniana das teorias de Freud, que tenta articular a psicanálise à filosofia e à lingüística principalmente, o pensamento de Lagache e seu projeto de uma psicologia não são poupados (Lacan, 1966).

Apesar dessas diversas críticas, provenientes de colegas (médicos, filósofos, psicanalistas) de Lagache, o projeto de uma "psicologia clínica" manteve seu rumo: não respondia a uma demanda social, para e contra tudo? Novas questões (educação sexual, a criminalidade, a psicopatologia das crianças...) colocavam-se e não conseguiam nenhum lugar para serem formuladas, teorizadas, resolvidas. A disciplina "psicologia clínica" que se propunha a ser uma abordagem total do indivíduo, e que estava na junção de vários modos de reflexão e de várias práxis, devia encontrar tais questões e lhes dar um enquadramento.

Legitimado por essa demanda social multiforme, as lições de Lagache continuaram e se prolongaram além de seu iniciador. Em 1959, foi criado na Sorbonne, sob a égide de Juliette Favez-Boutonier, o primeiro "Laboratório de Psicologia Clínica". O curso que J. Favez-Boutonier deu, naquele ano, *A psicologia clínica: objeto, métodos, problemas,* define muitos pontos deixados em suspenso por Lagache, retira ambigüidades, mas abre também um debate que ainda não terminou.

A PESQUISA DE UMA POSIÇÃO ANTIDOUTRINÁRIA

Assim como Lagache, J. Favez-Boutonier é médica, filósofa, psicanalista. Como ele, defende o princípio da análise leiga, quer promover a psicologia clínica no quadro universitário e mantém uma distância crítica em relação à psicanálise, da qual ela é, no entanto, parte interessada (cf. principalmente, quanto às relações de J. Favez-Boutonier com a psicanálise, sua Conferência de 1955). Depois de ter criticado algumas concepções, notadamente americanas, da psicologia clínica, J. Favez-Boutonier discute em seu Curso de 1959 a idéia do homem que se arrisca a escorregar nas teorias psicológicas e, em particular, na noção de uma "psicologia geral": "Como pode a clínica não ser senão a aplicação de um esquema do qual não seria ela ao mesmo tempo o princípio?" (p. 54). Ela pede à psicologia que seja explícita em seu sistema de referências: "Uma ciência do psiquismo humano não pode se basear em uma filosofia disfarçada. Se se deve fazer referências a normas, é preciso saber de onde elas vêm (p. 60)". Assim Juliette Favez-Boutonier *recusa submeter a psicologia clínica ao conceito de adaptação, o que fizera Lagache dez anos antes.*

Ela definiu a psicologia clínica e a psicanálise como domínios *específicos* e *separados*, ainda que *em interação*. Diferencia claramente a psicanálise e as descobertas devidas à psicanálise, atribuindo um lugar privilegiado à psicanálise que desbrava terrenos em seguida explorados pela psicologia clínica com outros métodos, e que propõe um dispositivo de observação rigoroso que pode servir de modelo. Nesse Curso de 1959, o psicólogo clínico aparece ao mesmo tempo como um profissional e como um pesquisador: prática clínica e pesquisa clínica encontram-se articuladas como registros complementares e indissociáveis. É interessante a esse propósito lembrar que J. Favez-Boutonier entrou em 1942 para o Centre National de la Recherche Scientifique - CNRS (em filosofia, sob a direção de Bachelard) e ocupou-se simultaneamente de crianças doentes no serviço do Dr. Heuyer. A pesquisa especulativa e a atividade clínica caminhavam assim paralelamente. Foi o ensino que constituiu para J. Favez-Boutonier o lugar de sua articulação.

J. Favez-Boutonier considera a psicologia clínica como uma "abordagem controlada do homem pelo homem em uma situação de implicação recíproca". Essa definição ataca uma das evidências do dispositivo clínico: a clínica, classicamente, constitui uma *observação objetivante* (Bercherie, 1980) realizada por intermédio de um olhar definido pela neutralidade. Introduzir a implicação de um tal olhar, dar ênfase ao relacional, é romper com um pressuposto compartilhado pelo dispositivo experimental e psicopatológico. Ora, cabe à psicanálise sobretudo discutir esse pressuposto e ter proposto uma estratégia teórica e prática para neutralizá-lo: a psicanálise não recupera assim um lugar central na psicologia clínica? Além disso, se o psicólogo clínico não se limita a diagnosticar, mas tem a intenção de observar situações por longo tempo e fazer psicoterapias (tarefa proposta por J. Favez-Boutonier), a formação universitária não pode sozinha fazê-lo adquirir uma competência terapêutica e controlar sua implicação.

Baseada a princípio em um senso pessoal da observação, do encontro humano, essa formação extra-universitária pode, segundo ela apoiar-se sobre diversas técnicas (grupos Balint, sonho acordado...), integrar múltiplos conhecimentos (sociais, culturais, filosóficos), abrindo o campo de compreensão do psicólogo: "Tudo o que dê informações sobre o ser humano, sobre as diversas maneiras que tem de estar presente na existência" (J. Favez-Boutonier, 1988). A psicanálise é certamente uma experiência muito rica, mas não constitui um recurso e menos ainda uma garantia. Como Lagache, J. Favez-Boutonier recusa toda posição doutrinária em matéria de formação pessoal do psicólogo. *A questão do controle da implicação permanece assim aberta.*

Por um tempo, uma alternativa à psicanálise parece vir do outro lado do Atlântico para responder a essa questão: as teses rogerianas da "não-diretividade" que definem a implicação controlada do terapeuta sob o duplo registro da "congruência" e da "empatia" são propostas à psicologia clínica francesa (Max Pagès, 1970). Mas a influência da psicanálise é então muito forte para que tal corrente seja implantada. E é pelo viés prioritário da psicanálise que a psicologia clínica discute o problema da implicação e constrói o cerne de sua teoria da subjetividade.

Na década de 1960, um campo de pesquisa e ensino que se autodefinia "psicologia clínica" então se desenvolve. Expandindo-se, aquilo que caminhava para se tornar uma disciplina choca-se com a psicologia experimental. A unidade da psicologia sonhada por Lagache revela sua inconsistência. Em 1964, no CNRS, produziu-se um fato notável: a psicologia, até então ligada às ciências humanas, liga-se às ciências da vida. Tal fato representa para a psicologia uma escolha "científica" que exclui uma perspectiva, temas de pesquisa e pesquisadores. É no quadro das universidades, ou a partir delas, que a psicologia clínica poderá adquirir uma certa legitimidade.

Em 1965, o Laboratório de Psicologia Clínica migra da Sorbonne para o Centro Censier. O Laboratório tem a especificidade de oferecer aos estudantes, além do ensino, uma iniciação a certos métodos psicológicos, a organização de estágios, uma escuta pedagógica ou pessoal (cf. J. Favez-Boutonier, 1979 e R. Mallet, 1979). O ensino que é dispensado (sob a direção de J. Favez-Boutonier e depois de Claude Revault d'Allonnes) integra diversos sistemas de referência: psicologia lewiniana, fenomenologia, técnicas projetivas, *Gestalt*, psicopatologia, psicanálise.

CRISES DE IDENTIDADE: A ANGÚSTIA DA "DISCIPLINA IMAGINÁRIA"

Em maio de 1968, a psicologia clínica é objeto – e o Laboratório de Psicologia Clínica, o lugar – de importantes debates que produzem profundo mal-estar. Enquanto a psicologia "científica" que se desenvolve no CNRS e em certos Laboratórios não se sente tocada pela onda de contestação que, nascida na década 1960, tem seu apogeu em 1968, a psicologia clínica é interpelada em suas bases: é submetida a uma dinâmica social contraditória que lhe exige institucionalização e que não lhe perdoa por ser, enquanto psicologia, um agente privilegiado do controle social.

Os psicólogos clínicos fizeram do exame psicológico a pedra fundamental de sua prática. Ora, a reflexão sobre o caráter normativo do social, sobre o caráter repressivo e opressivo das normas sociais, não podia deixar de abalar essa pedra fundamental. Ao mesmo tempo, a psicologia era posta em discussão pela ordem médica. Em 1970, o Conselho da Ordem dos Médicos, retomando as conclusões de um relatório de 1952, indicou que, embora o psicólogo seja um auxiliar médico aplicando testes (interpretados aliás pelos próprios médicos), é inconcebível que faça diagnósticos e psicoterapias: "É preciso que lhes seja exigido que sejam doutores em medicina", "o problema será resolvido quando esses psicólogos forem médicos" (Relatório da 9ª Sessão, 11 de abril de 1970).

Nesse período de incertezas múltiplas, a psicanálise aparece mais do que nunca como um recurso: ao lado de outras referências da psicologia, ela constituía de fato um sistema teórico e prático coerente. Além disso, graças à aproximação freudiana-marxista iniciada por Louis Althusser (1970), a psicanálise encontrava uma legitimidade epistemológico-política: não tinha ela realizado a "ruptura epistemológica" que lhe assegurava rigor e caráter de ciência? Para uma psicologia clínica em busca de identidade, e sempre próxima da psicanálise, a psicanálise não podia deixar de aparecer como um recurso e uma garantia.

Mas tal modelo-garantia foi por sua vez atingido pela enorme onda de contestação. Por um lado, não mais era possível falar "da" psicanálise, já que esse movimento havia engendrado escolas e correntes por vezes inimigas. Por outro lado, a psicanálise, confundidas todas tendências, tornou-se ela na década de 1970 o alvo de críticas severas: ela aparece como um instrumento privilegiado do controle social, pelo "psicanalismo" redutor que a constituía (R. Castel, 1973), pelo "familiarismo" que ela propagava (Deleuze e Guattari, 1972), pelo "falocentrismo" que ela sustentava (M. Plaza, 1977). A psicologia clínica encontrou-se novamente dividida: enquanto parente próxima da psicanálise, era alvo dos sociólogos e dos filósofos; enquanto domínio profissional do setor de cuidados e atendimento, ela era intimada pela medicina a se submeter ou a se demitir; enquanto tentativa de se autodefinir fora da psicanálise, era acusada por esta última de ser um satélite indigno e/ou traidor. Dificuldades que se somavam à dificuldade primeira: a de manter-se face a uma psicologia experimental que o desenvolvimento das neurociências vinha reforçar.

Assim contestada na legitimidade apenas esboçada e da qual teria podido se vangloriar, a psicologia clínica discutiu seus mecanismos, seus instrumentos. Tentou lutar contra o "psicologismo" do qual o projeto psicológico parece estruturalmente portador. NNa década de 1970, ela se abre principalmente às ciências humanas, reivindicando-se muitas vezes "psicologia social". Em vários departamentos de psicologia voltados para a clínica, viu-se aparecer ensinamentos sobre as classes sociais, as categorias de sexo, as especificidades culturais (os Boletins do Laboratório de Psicologia Clínica atestam tais preocupações teóricas). Ao mesmo tempo, na Universidade de Amiens, é interessante analisar os seminários optativos oferecidos no quadro do mestrado em psicologia e os temas escolhidos pelos estudantes para sua tese de mestrado). A psicologia clínica integrava assim uma dimensão do social que ela até então desconhecia.

Mas se tal abertura e tais escolhas eram interessantes para o ensino e a pesquisa, em nada resolviam o problema da *prática clínica*. Submeter a uma crítica incisiva a função do exame psicológico, desmontar sua engrenagem sociológica, teve como resultado criar uma verdadeira inibição profissional que alguns de nós, estudantes em psicologia na década de 1970, viveram intensamente. Ao recusar assistir a apresentações de doentes dos quais não suportávamos a rigidez, rejeitando as nosografias rígidas nas quais os doentes eram classificados à maneira da botânica, nada queríamos saber da psicopatologia; criticando a "testologia", as concepções ideológicas dos testes de inteligência, de personalidade, os psicodramas e outros jogos com papéis, recusávamos toda armadura do exame psicológico. Nada mais restava como tarefas aceitáveis senão a intervenção nas instituições (porque ela parecia inverter o espectro do "psicotira"[1]) e o nobre trabalho da psicoterapia, acessível, aliás, apenas aos súditos do divã.

Os professores, pesquisadores que exercem trabalho prático, que defendiam a existência da psicologia clínica sentiram o perigo de uma tal inibição. Alguns (como Jacques Gagey) tentaram reunir mais estreitamente psicologia clínica e psicanálise, definindo a psicoterapia como a principal função do psicólogo clínico (Gagey, 1980). Outros, como Roger Perron, Michèle Perron-Borelli e Jean Guillaumin, empenharam-se em dourar o brasão do exame psicológico, para eles peça-chave na intervenção clínica e principal suporte da identidade

---

[1] Em francês: "psicoflic", em que flic é gíria para policial.

do psicólogo clínico. Esses autores (além do mais, psicanalistas) assinalaram a "intransponível dificuldade", o "dilema" no qual se fecham os psicólogos clínicos quando recusam responder à principal demanda social de que são objeto: a do diagnóstico. Para eles, a alternativa está na elaboração de uma *reflexão crítica permanente* dos procedimentos e dos instrumentos que abarcam as perspectivas sociológica e histórica (Perron e Perron-Borelli, 1970), no estabelecimento de "um olhar do segundo grau sobre a técnica do olhar" (Guillaumin, 1977). Trata-se de não jogar o bebê da psicologia clínica com o banho da crítica.

Essa rejeição, no entanto, é uma permanente tentação. Seria a psicologia clínica uma "simples disciplina imaginária de referência" (Gagey, 1980), um "objeto imaginário" (E. Pons, 1985)? Pode-se certamente dizer que da mesma forma que "a" psicanálise ou "a" ciência, ela é uma falsa totalidade; o que não impede que constitua *em sua globalidade potencial e em suas realizações* uma abordagem que não pode ser rejeitada por excomunhão. Ao mesmo tempo objeto e método da psicologia (Fedida, 1968), a abordagem da psicologia clínica integra sistemas teórico-práticos diferentes, e mesmo divergentes, sem se reivindicar uma escola. Muitos psicólogos clínicos (profissionais praticantes e pesquisadores) têm por exemplo uma formação e/ou uma função de psicanalista: mas não é "enquanto" psicanalistas apenas que eles se situam. Quando escrevem um texto, transmitem um curso ou procedem a uma consulta, situam-se em um campo no qual se cruzam sistemas de reflexões e registros diferentes. E é precisamente por estarem *nesta encruzilhada* que não podem reivindicar uma filiação ou uma doutrina, e aparecem então como espécie de mestiços, dificilmente situáveis.

A psicologia clínica aparece como uma disciplina pouco definida, sem dúvida, porque seu projeto de estudar o indivíduo em situação e em evolução a conduz a buscar pontos de contato entre o sociológico e o psicológico, a subjetividade e a alteridade, o afeto e a representação, o pulsional e o simbólico, a interioridade e a instituição... No plano teórico, essa posição particular implica uma multidiferenciação, uma interdisciplinaridade. No plano prático, ela leva a utilizar diversos instrumentos, englobando-os em uma perspectiva que ultrapassa seu quadro inicial.

Lugar de um questionamento aberto, a psicologia clínica parece ser apenas antidoutrinária. Tentando compreender o indivíduo o mais próximo de suas aspirações, de suas alienações, de seus códigos e de suas representações, ela se refere a um quadro teórico necessariamente em movimento: ela deve confrontar as referências de que dispõe com a complexidade das situações que encontra. Se nos apoiamos na teoria psicanalítica, ficamos insatisfeitos com o lugar que dá às situações sociais. Quando integramos uma perspectiva sociológica em nossos estudos, devemos contornar a negação do psicológico que esta disciplina tem tendência a operar. Somos, pois, conduzidos a construir noções que busquem articular sistemas teóricos concebidos por nossa *Epistémé* como separados. Essas tentativas de articulação comportam um risco, o de "achatamento", risco inerente a uma disciplina-encruzilhada. No entanto, a construção de conceitos provisórios interdisciplinares é indispensável ao procedimento clínico.

Essa *fluidez* da psicologia clínica – no plano de suas referências teóricas e de seu mecanismo – poderia parecer, com relação a critérios das "ciências duras", como uma prova de sua não-cientificidade. No entanto, a psicologia clínica abriu um leque de reflexões e práticas: o plano do *procedimento clínico* e da *pesquisa clínica*, de que este trabalho se propõe a analisar os fundamentos e a mostrar o rigor.

PSICOLOGIA CLÍNICA E PROCEDIMENTO CLÍNICO

por Claude Revault d'Allonnes

Apoiados na história, por ela esclarecidos quanto às relações da psicologia clínica com as disciplinas e as correntes de idéia próximas, como caracterizaríamos, hoje, o procedimento clínico? Que relações manteria com a/as prática(s) e com a pesquisa? Seria específico à psicologia clínica? Conservaria relações privilegiadas com a psicologia clínica? Poderia ser aplicado a outras disciplinas das ciências sociais?

DA PSICOLOGIA AO PROCEDIMENTO CLÍNICO

Se tais questões devem ser levantadas, só podem sê-lo com referência à psicologia clínica e suas aquisições, a ela também como momento de uma história, como posição ao mesmo tempo privilegiada e frágil.

UMA POSIÇÃO PRIVILEGIADA

Privilegiada primeiro e antes de mais nada pela abertura, pela posição que tem no campo social e que se exprime pelo fato de ela ser objeto de uma demanda social importante; privilegiada também pela diversidade de seus objetivos e pelo incessante trabalho de reflexão que ela conduz sobre seus métodos, a partir da experiência clínica, sobre áreas e em situações muito diferentes:
• **Objetivo primordial de conhecimento e de compreensão** da "pessoa total em situação e em interação", pelo que, a psicologia dinâmica aproxima-se da fenomenologia.

- **Atividades de diagnóstico**, para a qual contribuem os métodos de observação, de análise, de entrevista, de estudo de caso, de testes. Estes últimos foram por muito tempo o instrumento específico do psicólogo e, notadamente os testes projetivos do psicólogo clínico, aos quais permitiram refletir sobre as relações entre um material clínico (os resultados do teste) e uma situação clínica (a da aplicação e a do exame psicológico, J. Guillaumin, 1977, C. Chiland, 1983), e sobre os problemas levantados pela interpretação (do exame, de seus resultados, da situação de "examinar", da relação examinador-examinando), assim como a teorização da noção de projeção.

- **Práticas de intervenção** em situação dual, grupal, institucional, organizacional; os problemas específicos que cada uma delas levanta, e a pregnância, para o melhor ou para o pior, do *modelo da psicoterapia*.

– Para o melhor, porque da hipnose à cura psicanalítica, passando pela gama sempre renovada das terapias chamadas emocionais ou corporais, tal modelo coloca questões e fornece elementos de reflexão, e mesmo de referência, insubstituíveis no plano teórico e prático: objetivos, dispositivos, teorização das "curas" ou "responsabilidades assumidas", estudo dos processos terapêuticos, e notadamente dos modos e níveis de ação dos fenômenos transferenciais, a exportação dos conceitos de transferência e contratransferência fora da cura analítica, em dispositivos outros, psicoterápicos ou de pesquisa, ou sua substituição pela noção de implicação do psicólogo ou do pesquisador, exigindo, como se verá, um sério reexame.

– Para o pior, porque o modelo da psicoterapia diz respeito – poderíamos dizer contagia – à psicologia clínica que não se reduz a isso e vai muito além, por seu campo, seus objetivos, seus métodos, seja no plano da intervenção, seja no plano da pesquisa, sempre com ele mantendo relações ambíguas: referência/reverência, proximidade, contaminação, nostalgia... E não se trata de uma relação contingente, mas de um parentesco aceito, denunciado, contestado, não certamente sem ambigüidades, mas sobretudo e freqüentemente sem explicação suficiente.

– Formação universitária especializada de psicólogos em cinco anos na França, com um DESS; formação na profissão de psicólogo clínico com ainda, e por toda a vida, formações em práticas diversas e reflexão sobre elas[1]. Ou formação clínica aberta a todos, e notadamente aos profissionais da relação (trabalhadores sociais, médicos, paramédicos, professores...). Uma alternativa que supõe objetivos e meios diferentes e revela uma tensão, e mesmo uma oposição, entre formar para uma disciplina, para uma profissão, para uma maneira de ver. Tensão criativa, se um denominador comum verdadeiramente existe: não seria justamente por tais formações, sob formas e graus diferentes, que se visa, se pode *tomar/apreender uma posição, métodos, um procedimento clínico por meio de situações humanas e profissionais e mesmo de disciplinas diversas?*

---

[1] Profissão cuja utilidade não é contestada, mas cujo exercício é aleatório em virtude da insuficiência de criação de colocações; confrontada com o número de diplomas que dão direito ao exercício profissional, ela explica o desemprego dos psicólogos sem justificá-lo; difícil também em conseqüência das tensões que a definição de seu campo – concebido como estreito e limitado aos testes e à entrevista, ou amplo, compreendendo a dinâmica de grupo, a regulamentação institucional, as atividades de apoio e de aconselhamento, as psicoterapias, a pesquisa – e o reconhecimento de seus direitos, por causa da duração de seus estudos e de suas responsabilidades, conduzindo com as numerosas profissões sociais, médicas e paramédicas. Estas passaram de uma, antes da guerra de 1939-45 (os assistentes sociais) a uma quinzena em menos de trinta anos, com delicados problemas de território e de prática. A questão não está definitivamente regulamentada em 1988, apesar das lutas que culminaram em 1971 com o "decreto Boulin", sobre o recrutamento e o avanço dos psicólogos no setor público da saúde, depois em 1985 à lei relativa ao título de psicólogo e que define os campos de atividade profissional, lei da qual se espera ainda os decretos de aplicação (*l'Être psy,* 1987, *Annuaire-guide de la psycologie,*1987).
A dificuldade é maior no que diz respeito aos psicólogos clínicos trabalhando no setor de saúde do que entre os que trabalham nas organizações e empresas, na medida em que os primeiros têm de se situar em relação aos médicos, psiquiatras e psicanalistas. Aqui ainda são principalmente as psicoterapias que estão no centro do problema: escolas de formação, definição de territórios, direito ao exercício, reembolsos, etc.

-- Se os diferentes objetivos aqui evocados são ao mesmo tempo próximos e ligados, a pesquisa ocupa um lugar particular entre eles. Ela está de alguma maneira inscrita desde o início no processo da psicologia clínica por esta se fundamentar na compreensão, apoiar-se nas capacidades de reflexão de autoteorização dos seres humanos em situação de intersubjetividade, facilitando-as e desenvolvendo-as. No entanto, a prática clínica, ainda que se julgue, não é pesquisa. Esta supõe um outro tempo, uma outra distância, decentramentos: um trajeto específico, distinto daquele da prática, mas ligado a ela de maneira diversa, assim como dispositivos e uma instrumentação próprios.

UMA POSIÇÃO FRÁGIL

Privilegiado, portanto. Aleatório, certamente mais ainda, pois os procedimentos que visam a tais objetivos são todos tributários do caráter fundamentalmente problemático da posição clínica: a da permanente interação que justamente é o que atrai interesse; da tensão particular que mantém o sujeito e o objeto (freqüentemente, ele mesmo um ou uns sujeitos), na intervenção e na pesquisa.

E é aqui que a interrogação ultrapassa o campo específico da psicologia clínica para se estender às outras ciências sociais submetidas por suas práticas e seus objetivos próprios, também elas, a restrições próximas: sociólogos, etnólogos, especialistas nas ciências da educação, trabalhadores sociais, médicos são suscetíveis, no momento em que se colocam *a questão do sujeito* (história pessoal, experiência vivida, criação contínua do *self...*) ou mais exatamente a da *subjetividade*, de seu lugar no campo social, de suas relações complexas com o funcionamento social.

É o caso de G. Devereux, etnopsicanalista (1972, 1989), de J. Favret-Saada, etnólogo (1977, 1981), de S. Novaes, sociólogo (1979, 1985), de V. de Gaulejac, que estabelecem os fundamentos de uma "sociologia clínica" (1983-1987) e de alguns outros.

Desafios metodológicos e epistemológicos

A psicologia clínica traz em si os germes dessa abertura, já que é ela que coloca a questão do procedimento clínico, de sua definição, de suas condições de possibilidade, de seus limites.

Essa situação, própria às ciências sociais, aliás inevitável, e seus efeitos podem constituir um freio, um obstáculo, um "barulho" parasitante, paralisando o trabalho daquele que intervém ou do pesquisador, se seu modelo de referência é o das ciências exatas, cujas exigências de cientificidade visam justamente a reduzi-las ou eliminá-las. Inversamente, seu reconhecimento, sua consideração, suas tentativas de domínio constituem não apenas uma poderosa motivação e uma experiência formadora, mas, mais ainda, uma posição metodológica e mesmo epistemológica.

O desafio é considerável, pois não se trata senão de construir e de acionar – em um outro contexto, com outros objetivos e outros meios que não os promovidos por Freud na "revolução copernicana" que ele instaurou ao colocar e instrumentalizar a dinâmica da transferência e da contratransferência – *um ou alguns modelos de resolução dessa tensão específica entre sujeito e objeto*. O que não pode ser feito senão por intermédio de uma modificação que faça do obstáculo um meio, de sua consideração um método – e forçosamente conduz a recolocar em perspectiva e a redefinir objetividade, subjetividade e suas relações, a repensar o rigor no procedimento clínico, suas exigências, seus limites.

O procedimento clínico

É oportuno destacar as características do procedimento clínico, de assinalar seus tempos fortes, de mostrar seu trabalho bem particular:

- ligação com a prática,
- papel da demanda,

- importância da relação,
- consideração da implicação,
- relações com a psicanálise,
- reavaliação do social.

Ligação com a prática

Primeiramente, por sua própria natureza, o procedimento clínico mantém ligações essenciais com uma ou algumas práticas às quais se refere. Vimos que essas práticas podem ser muito diversas, exercer-se em contextos sociais particulares, visar a objetivos variados.

Não é nosso objetivo recenseá-las ou classificá-las, mas destacar que aí ocorre em primeiro lugar a noção de *experiência*, diversamente compartilhada; assim como a de *distância* em relação à experiência, de regulagem dessa distância.

A "boa distância" é então não a que aprendemos nos livros e que seria preciso obter não importa como e qualquer que seja a situação, mas a que permite trabalhar e compreender, considerando o tempo, o preço e a parte de si necessários. Retornaremos a esse assunto.

Papel da demanda

O procedimento clínico tem a ver com uma demanda. Esta pode ser expressa por um indivíduo ou um grupo em sofrimento, ou por ele, em seu nome (criança, deficiente, drogado, doente, velho). Demanda de elucidação, de reconhecimento, de apoio, de formação, de cuidado...

Ela pode surgir de um pesquisador ou de um grupo de pesquisa, os pontos de partida são então invertidos: é o pesquisador que é demandante, os objetivos e os métodos em parte diferentes.

Pode também parecer explícita desde o princípio, implícita, confusa, mesmo inexistente, disfarçada e se deslocar...

Aliás, ela não deve ser percebida, identificada, admitida, ser objeto de um contrato – tácito, verbalizado ou escrito (entrada em uma relação terapêutica, atendimento, decisão de uma regulação institucional, contrato de pesquisa, elaboração de uma tese clínica) –, senão no fim de um trabalho de análise que a acompanha por seus deslocamentos, esclarece aquilo que a motiva ou bloqueia, permite ou não a realização no campo social.

Assim, querer, demandar, desejar uma criança não são a mesma coisa (C. Revault d'Allonnes, 1985).

Disso é testemunha a dificuldade, a ambigüidade, a utilidade das entrevistas obrigatórias anteriores a um aborto voluntário (Novaes, 1979, 1985) ou das entrevistas prévias a uma interrupção de gravidez (Parseval e Janaud, 1981).

Pode-se considerar que toda situação inter-humana supõe em última análise uma dupla demanda essencial de saber e de amor, de conhecimento e de reconhecimento – expressão renovada da busca do objeto perdido –, e que demandante e demandado aí se encontram finalmente ambos em posição de demandantes. Sem o que nenhum encontro seria possível.

O procedimento clínico apóia-se nesse postulado, inicia seu trabalho no espaço aberto pela demanda, que ele analisa, estrutura e instrumentaliza. Esse espaço é um primeiro lugar o de um *deslocamento*: entre entrevistador-entrevistado, examinador-examinando, observador-observado, psicoterapeuta-paciente... Deslocamento que é, ao mesmo tempo, homologado, tornado produtivo (de material, de comunicação, de mudança, de sentido) e controlável, por um *dispositivo* que aciona *métodos*: protocolo de observação, situação de entrevista, "enquadre" do teste, "laboratório" da cura analítica. Deslocamento e dispositivo podem sozinhos permitir que um trabalho se faça, evitando fusão e confusão; a análise crítica de sua colocação e funcionamento, explícita e implícita, constitui uma malha essencial do procedimento clínico. Retornaremos a isso.

IMPORTÂNCIA DA RELAÇÃO

O procedimento clínico é, antes de tudo, interpessoal. Já foi dito e redito que se centrava sobre uma ou algumas pessoas em situação e em interação, sendo seu objetivo compreender a dinâmica e o funcionamento psíquico próprios a uma pessoa em sua irredutível singularidade; próprios a várias pessoas, grupos ou categorias de pessoas, segundo certas variáveis: a história pessoal, a estrutura da personalidade, as situações.

Por ter como objeto um ou alguns sujeitos, o procedimento clínico é sempre de relação: trabalha na relação e sobre ela. Trata-se aqui de uma noção central em clínica, útil para "ordenar", opondo-se àquelas atualmente propostas ou substituídas de interação e de comunicação. Ele é central, e assim permanece, em primeiro lugar por seu emprego habitual e justificado em uma psicologia dinâmica, cujos aspectos temporais, processuais, interpessoais são respeitados.

Em segundo lugar, porque a noção de interação remete a seqüências breves, mesmo que elas se organizem em sistemas, e a uma teorização emprestada da psicologia social e mesmo da etnologia, enquanto que a de comunicação cobre um campo muito vasto e não específico e dá acesso a uma teoria geral das comunicações. A escolha dos termos é importante. Compreendemos seu peso por exemplo no trabalho de S. Lebovici *O bebê, a mãe e a psicanálise. As interações precoces* (1983) que organiza relação e interação, ou no trabalho de M. Pagès (*Registro ou sentido*, 1986) que opta, não sem motivo, pela comunicação.

CONSIDERAÇÃO DA IMPLICAÇÃO

Dizer que o procedimento clínico trabalha na e sobre a relação, em um deslocamento que se fez operatório pelo dispositivo e pelos métodos, e por um controle da distância, assim como fizemos, é colocar a questão da implicação do clínico, de sua teorização e de seu manejo.

E seria preciso falar, inicialmente, de implicação, de fenômenos transferenciais, de transferência e de contratransferência? O tema implicação tem a vantagem de trazer a atenção do lado do clínico, de mostrar a rede na qual ele está preso, de convidá-lo a dela se livrar. Destaca um fato, atesta uma situação, sem fornecer a teoria ou a prática; estas ficam para ser elaboradas no espaço aberto pela noção: é o que tentamos fazer aqui, outros tentaram no campo de sua prática. É o que fazem em seu trabalho os pesquisadores clínicos a partir de campos e de indagações diferentes. Podemos citar C. Samalin (1984), M. P. Dumoulin (1988).

Esse trabalho, ou talvez esse trajeto, remete sempre de uma maneira ou de outra, aos três momentos muito bem destacados por M. Balint (1966, apêndice 1 sobre a formação).

– Tomada de consciência intelectual e afetiva da implicação na complexidade de suas ramificações (ideológicas, institucionais, de relação...) e de seus níveis (peso do passado e do presente, da identidade profissional e pessoal...), isto é, da maneira como "cada um usa sua personalidade, suas convicções científicas, seus padrões de reações automáticas [...] seus processos inconscientes" (Balint, p. 318-319).

– Tomada de distância e tomada de "papel", principalmente pela confrontação com os outros, os que atendem e os pesquisadores, com sua experiência e seus trabalhos.

– Manuseio e controle da relação, principalmente pela organização crítica dos métodos de maneira ao mesmo tempo tranqüilizadora, defensiva e criativa: é o tema da segunda parte deste livro.

Falar de fenômenos transferenciais é aproximar-se de uma conceitualização psicanalítica, ainda que permanecendo prudente. Não é grande risco: toda situação interpessoal é o lugar de fenômenos transferenciais, algumas mais do que outras, e de uma maneira organizada. Sem querer ir além, corre-se o risco de ser um obstáculo sem efeito.

Vamos então falar de transferência e contratransferência no procedimento clínico, no que diz respeito à intervenção – mesmo fora do dispositivo da cura analítica na qual eles são operacionalizados – ou na pesquisa, como faz G. Devereux, utilizando e fazendo trabalhar a noção de "contratransferência do pesquisador"? (1980)[2]

RELAÇÕES COM A PSICANÁLISE

A questão exige que nela se detenha, pois este ponto particular e delicado envolve o problema dos *referenciais teóricos do clínico* e da relação entre o procedimento clínico e a psicanálise.

Discutir a análise é diferente de ser da análise ou na análise.

Freud, em seu prefácio do livro de A. Aichhorn *Juventude abandonada* (Privat, 1973), coloca já claramente os problemas: utilizar os conceitos, ser analisado, referir-se à análise...

Quanto ao clínico, a questão primordial, raramente esclarecida, é: ao quê da análise se refere? Do que se serve? Por que e como?

– *Uma experiência pessoal do divã* (terapêutica e/ou formadora). Não mais se pode, em nenhum caso, pensar e trabalhar, como clínico, da mesma maneira que antes.

– *A aceitação dos preliminares à análise*, afinal pouco numerosos: o inconsciente existe e ele age nas condutas. Há uma sexualidade infantil (teorias sexuais) que passa por estágios e cuja evolução e integração, mais ou menos aleatórias, explicam o desenvolvimento e a sexualidade adulta, dando acesso a uma teoria do sujeito definido pela falta – enquanto que o sujeito da psicologia, de certas psicologias, é um sujeito pleno ou que deve sê-lo.

---

[2] A questão é abordada e discutida notadamente durante o colóquio "Pesquisa clínica, clínica da pesquisa. O rigor, a contratransferência do pesquisador", cujos trabalhos podem ser referência (*Psychologie clinique* VIII, 1986). (Ver também aqui, p. 139 a 154)

– *A atitude, o método analítico:* atenção flutuante. Tudo é importante, mesmo e sobretudo o contraditório, o irracional. Desconstrução, reconstrução do sentido são possíveis no espaço da análise, em que duas lógicas se enfrentam.

– *A conceitualização analítica*, aparentemente, o nível mais simples; ainda que encontre o problema já antigo (Freud já o havia regulamentado por sua própria conta) da utilização dos conceitos fora de seu campo original, das extensões e distorções decorrentes, das precauções necessárias.

Posições diversas, graus variáveis são, pois, possíveis em relação à análise, na intervenção e na pesquisa. E notadamente no que diz respeito ao ponto que nos ocupa – o da implicação –, elas situam o que atende/o pesquisador na seguinte escala:

– negar, não considerar problemas transferenciais;

– estar *na* transferência, adaptando-se;

– trabalhar *sobre* a transferência; é a posição da cura, depois da "revolução" freudiana da psicanálise, essa "ultraclínica", segundo D. Lagache (1949).

O mais importante ponto de apoio, tanto na psicanálise como no procedimento clínico, é a contratransferência mais do que a transferência: quando ela se opõe a nós, é porque a contratransferência não foi suficientemente analisada. Em todo caso, trata-se aqui de uma posição assintótica da qual nos aproximamos sem nunca conseguilo completamente, e isto nos dois casos.

Esclarecer a posição do procedimento clínico em relação à análise é importante.

A resposta parece clara: estamos discutindo a análise e, no entanto, não é análise. A esse respeito o texto de Freud em *As novas conferências* é claro (C. Revault d'Allonnes, 1982). Freud compara o trabalho da psicanálise, ao tentar fazer recuar o inconsciente, à dessecação do Zuyderzee, sempre ameaçado pelo movimento da maré. Compara o trabalho da psicologia clínica à cultura agrícola. É o que se pode ver em numerosos trabalhos conduzidos em prolongamento à análise ou em espaços por ela abertos, como por exemplo aqueles que tratam das relações mãe-filho e que têm origem nos trabalhos da escola inglesa, sobretudo de M. Klein e de Winnicott.

Mas não é possível prender-se a essa apreciação: inversamente, a psicologia clínica como outras disciplinas ou práticas clínicas, interpela a psicanálise em suas falhas. Ela abre-lhe novos espaços de indagação, novas formas de intervenção. Há grupos e o psicodrama, terapias familiares sistêmicas, terapias emocionais ou corporais, ou, além disso, a teoria do apego, nascidas em outros lugares e em parte repensadas e mesmo recuperadas pela psicanálise. Ela vai se diferenciando...

REAVALIAÇÃO DO SOCIAL

E se o procedimento clínico se destaca da psicanálise, não é apenas por sua gestão dos fenômenos transferenciais, mas essencialmente a partir de um outro comprometimento no campo social, de uma outra apreensão, de uma outra avaliação do social. O que é o "social" para o sociólogo, o psicanalista, o psicossociólogo, o psicólogo clínico? Não certamente a mesma coisa: a questão merece precisão e reflexão.

Poderia ser proposta uma tipologia, conforme o lugar explícito ou implícito atribuído à história, ao funcionamento, à relação social; às ideologias, representações, sistemas de valor; à classe, ao grupo, à instituição; à relação (interação ou comunicação), ao peso relativo ao passado, ao atual, à história pessoal, à trajetória social.

Freud reivindica, não sem razão, que a psicanálise seja uma psicologia social. A psicologia clínica também o é (toda psicologia, talvez), mas não no mesmo sentido – ainda que admita os mesmos pressupostos de base (o inconsciente, a sexualidade infantil...).

As situações

O procedimento clínico caracteriza-se na verdade pelo interesse que traz, os cuidados que presta, situações em sua diversidade.

É que trabalhamos com "pessoas em conflito com situações de relacionamento e sociais, que as influenciam e que podem influenciar" (J. Barus - Michel, C. Revault d'Allonnes, 1980). Tradicionais situações humanas de conflito e as formas atuais que assumem. Situações novas para as quais não há explicação ou resposta prática ou teórica conhecida.

Por nos interpelar, elas nos obrigam a pensá-las com renovada atenção, no lugar mesmo onde se emaranham, nas articulações do pulsional e do tecnológico, do biológico, do social, nas falhas, os avanços, os deslocamentos, as margens, as crises, as rupturas, a dificuldade de viver. Pensá-las com sua carga de sofrimentos, mas também suas possibilidades de desprendimento, de mudança, de sublimação, de realização[3].

Essas situações não podem ser pensadas como um simples contexto em torno do indivíduo ou apenas como um trauma objetivo cujos efeitos mais ou menos graves teríamos de avaliar, ou como um dado fora do campo e que apenas nos diz respeito pelo que faz delas. Elas não acontecem não importa onde nem como, não são não importa o quê, elas impedem, suscitam ou solicitam investimentos complexos, e em diferentes níveis.

Os processos complexos

Daí a necessidade de dedicar maior interesse aos processos complexos que as geram e as animam, a sua descrição fenomenológica,

---

[3] Alguns exemplos entre os trabalhos dos pesquisadores do *Laboratoire de Psychologie Clinique:* pesquisas sobre o adoecer (A. Escobar, 1987), o suicídio reativo (S. Olindo-Weber, 1988), a procriação e seus acasos (C. Revault d'Allonnes, 1976,, 1985; E. Vallée, 1981; B. Alexandre, 1983, 1987; F. Gosselin, 1985), o meio ambiente e a construção contínua do *self* (M. Eleb-Vidal, 1980), a deficiência (A. Giani), o tédio (M. Huguet), a toxicomania (P. Angel, 1987), etc. Pode-se encontrar a lista recente no nº 15 do *Bulletin du Laboratoire*, 1987.

às modalidades de seu funcionamento (geração, transformação, restabelecimento...), aos sistemas ou conjuntos aos quais pertencem, aos níveis referentes.

Somente a esse preço a realidade pode ser apreendida e teorizada de maneira verdadeiramente transdisciplinar, propondo-se a ela uma leitura multireferenciada, usando conceitos emprestados ou nascidos à sua volta, repensados, mesmo "pervertidos": representação, crise, passagem ao ato, dominação, sublimação..., criando novos instrumentos conceituais que respondem a esse objetivo: sistema sociomental (Max Pagès, 1980), estrutura de solicitação (M. Huguet, 1983), sujeito social (J. Barus-Michel, 1987).

De uma maneira ampla, podemos dizer que cada uma dessas tentativas em seu domínio visa propor uma teorização operatória, articulações do psiquismo e do social[4].

O social e a subjetividade

A questão à qual se defronta mais particularmente o procedimento clínico é a das relações do social e da subjetividade. Como compreender sua gênese, pensar as modalidades de seus relacionamentos, avaliar seus respectivos pesos, suas possibilidades de mudança?

Não é por acaso que é desse ponto justamente que tratam as demandas a nós dirigidas, tanto no domínio da intervenção como no da pesquisa, das pessoas, das instituições.

A resposta que a clínica pode trazer é talvez, antes de mais nada, buscar em um movimento de volta, de análise e de aprofundamento da subjetividade e da intersubjetividade, envolvidas na complexidade das situações sociais. Isso é tanto verdadeiro que quanto mais se vai em direção ao subjetivo, mais se encontra ou reencontra o social.

---

[4] Reflexão sempre aberta: Colloque de Paris, *Psychologie clinique* VI, 1983; Colloque de Spetsai "Rencontres dialectiques", 1988.

O RIGOR NO PROCEDIMENTO CLÍNICO

Descritas suas características, destacado seu trabalho, resta levantar uma questão: quando é o procedimento clínico rigoroso? É uma questão importante, pois o cientificismo do procedimento clínico e seus resultados são objeto de críticas, se nos detivermos ao modelo de rigor classicamente definido.

Estão certos R. Perron (1979 e *Profissão: pesquisador*, 1986) como também O. Bourguignon (1986) quando afirmam que as exigências de rigor são aqui as mesmas que em toda atividade séria de conhecimento, mesmo e sobretudo se são, no domínio da clínica e dadas suas condições particulares, mais difíceis de respeitar: claridade e adequação da conceitualização, coerência do raciocínio, controle dos elementos metodológicos, etc.

AS EXIGÊNCIAS

No entanto, o procedimento clínico tem suas próprias exigências de rigor, adaptadas a seu objeto, cujo respeito não a põe em débito em relação a outros campos de conhecimento.

São satisfeitas:

– quando considera *a implicação* do clínico em relação aos diferentes níveis e aos diferentes momentos de seu trabalho: vimos como, nas páginas precedentes;

– quando tenta elucidar a massa enorme *de implícito* presente em suas estratégias e dispositivos.

Aqui estão esses dois exemplos, um relativo à psicanálise e outro à entrevista, e que mostram a importância e os efeitos do implícito:

• A pista "o Eu é o produto das sensações corporais" foi abandonada por Freud. O dispositivo da análise "anestesiante" (não ver, não tocar, não falar) mostrou-se eficaz contra a histeria, menos contra a psicose, o alcoolismo, a toxicomania, as perturbações narcísicas antigas. As terapias corporais foram lançadas na falha da análise (volta do rejeitado – recalcado da análise?) que elas interpelam (interessantes reações dos analistas à interpelação, rejeitada por alguns, aceita por outros).

Em resumo: os dispositivos da análise e das terapias novas, diferentemente situadas histórica e ideologicamente, levantam em diferentes temas a questão: que desconforto? Que corpo, ou antes, que corporalidade? Que transferência? (R. Gentis, 1980, D. Anzieu, 1984, M. Pagès, 1982, C. Dejours, 1988).

- O dispositivo da entrevista (A. Blanchet e col., 1985) comporta ele também uma grande parte implícita, como sempre naquilo que é evidente, e tornar claro é necessário a um funcionamento rigoroso, ou seja:

– A entrevista como dispositivo de criar uma fala, um saber utilizável, útil (para quem? como? por quê?).

– A entrevista como dispositivo cultural, uma evidência que não oferece qualquer dificuldade, quando a posição da pessoa, da fala (sobre si), do saber, da relação entre os sexos difere...;

– A entrevista ou "os velhos hábitos das ciências sociais", das ciências humanas clínicas... Pesquisadores, estudantes, profissionais fazem saltos sem se colocar muitas questões.

CONHECIMENTO E DESCONHECIMENTO

Três observações então se impõem:

- **A importância do dispositivo,** aquilo que permite e o que não impede, e a necessidade do pensar como o lugar de uma transação específica entre pessoas em situações diversas, cuja característica comum é estarem sempre distanciadas (temos precisado – e atrás desses dispositivos, entre eles, estruturando a interação: as instituições) e armadas. E esse termo é propositadamente escolhido, pois permite pensar em seus aspectos defensivos e ofensivos os instrumentos que o clínico utiliza, compreender os processos envolvidos, deles retirar as seqüências de interação, sua duração, seu encadeamento, suas rupturas, suas contradições (C. Revault d'Allonnes, 1984, 1985).

Aqui intervém o papel essencial e ambíguo do método, conforme é utilizado, prioritariamente em uma ou outra de suas funções: processo defensivo contra as angústias do profissional ou do pesquisador, mas também meio de conhecimento, sendo importante não se deixar oscilar sobre sua tendência neurótica "com o risco de uma perda de afeto e de uma distorção do material" (G. Devereux, 1980).

Aqui ocorrem os fenômenos projetivos, identificatórios, transferenciais em sua complexidade e suas inflexões durante o encaminhamento clínico e os acasos que marcam a trajetória do pesquisador (inibição, vazio, surpresa, superação...) e que fazem com que quando nos voltamos sobre uma atividade clínica (intervenção e pesquisa) tomamos consciência de que nada é fortuito ou de pouca importância: o sujeito da pesquisa, o sujeito que faz a pesquisa, os sujeitos envolvidos, as estratégias.

• **O interesse da análise desse dispositivo**, de sua organização explícita e de seus pressupostos implícitos, a avaliação de seus efeitos sobre os parceiros, a situação, o trabalho clínico, a reflexão. O destacar do sentido (de um sentido) é, em última análise, um dos efeitos do dispositivo, do trabalho de desconstrução-reconstrução-comunicação que ele solicita, e do reconhecimento do qual é afinal objeto por parte da comunidade científica.

• **O reconhecimento enfim de seu corolário: uma parte de desconhecimento**: todo dispositivo só pode funcionar com zonas cegas, reverso obrigatório de sua eficácia. Tentar conhecê-las, avaliá-las, fazê-las recuar o mais possível: assintótica também aqui e que reencontra rapidamente seus limites.

Assim o cirurgião que indaga sobre o paciente anestesiado e sua relação com ele arrisca-se a não mais poder operar e se torna psicossomático e até analista.

O mesmo com a tarefa cega dos psiquiatras, psicólogos, psicoterapeutas: não poder, querer tocar os corpos. O desvio pela profissão, pelo método, pela técnica é talvez, antes de mais nada, a racionalização de uma impossibilidade, de uma dificuldade.

Tudo acontece nesse espaço ambíguo e frágil.

Ao clínico, ao pesquisador, por seu trabalho, seu encaminhamento pessoal, cabe tornar o conjunto móvel e não estático, utilizá-lo dialeticamente, sem dogmatismo, atribuindo o máximo aos pontos de vista adversos; e medir os limites, que não deixam de constantemente se fazer lembrados...

Armados/desarmados... não há procedimento clínico que não seja a esse preço e nessa contradição assumida: este trabalho é o testemunho vivo dessa contradição.

PESQUISA EM PSICOLOGIA CLÍNICA OU PESQUISA CLÍNICA

por Alain Giami

Falar de "pesquisa clínica" nos obriga a nos situar, ao mesmo tempo, no campo do procedimento clínico definido aliás com seus objetivos, seus métodos e seu apoio nas práticas, e no campo da pesquisa definida como processo de produção de conhecimentos validados e comunicáveis. Mais precisamente, é importante indagar sobre o lugar que ocupa a pesquisa clínica, entre (ou com) a prática clínica de intervenção (ou de terapia) e a pesquisa científica (experimental ou de campo) em ciências sociais e em psicologia.

A dimensão de pesquisa está presente, desde as origens do procedimento clínico, como dimensão central e sob a forma de uma referência ao conhecimento científico (Lagache, 1947). É ela, em seguida, objeto de um movimento de autonomia em relação à prática clínica e visa dar a si mesma um estatuto epistemológico enquanto modo de produção de conhecimentos.

Vamos estudar neste capítulo as diferentes relações entre "pesquisa" e "clínica", do ponto de vista dos procedimentos e dos objetos antes de formular algumas proposições metodológicas para o avanço do procedimento clínico de pesquisa.

O CONHECIMENTO CIENTÍFICO: UM MOMENTO DE INTERVENÇÃO CLÍNICA

O "conhecimento científico" aparece desde o princípio no dispositivo de intervenção e notadamente no recurso aos testes, cuja intenção é de dar uma base científica ao psicólogo: "Chamo intervenção psicológica ao ato do psicólogo, na medida em que este, ao aplicar certas técnicas que devem lhe dar um conhecimento científico de tal ou tal aspecto de um sujeito, estabelece entre ele mesmo e esse sujeito um certo tipo de relações humanas, conseqüência inevitável desse encontro que constitui o exame psicológico individual" (Favez-Boutonier, citada por Monod, 1979, p. 137).

O teste permite, por um lado, centrar-se sobre "tal ou tal aspecto de um sujeito", em um movimento de vaivém entre a redução que ele impõe e a totalidade da pessoa; ele permite, por outro lado, proceder a uma dupla comparação: em relação à norma e em relação aos outros sujeitos examinados com ajuda do mesmo instrumento (Rey, citado por Favez-Boutonier, 1962). A construção da totalidade da pessoa permanece dependente da relação do psicólogo e do sujeito; o teste não é senão um momento de sustentação nessa dinâmica.

Na ótica clínica, a escolha da bateria de testes empregados é supostamente determinada pelos problemas e as demandas do sujeito; o que permite a M. Monod considerar que o exame psicológico contém uma dimensão de intervenção, quer dizer aqui, uma dinâmica que pode ser geradora de mudança. Pode-se generalizar esse princípio, considerando que toda situação que coloque em relação um psicólogo e um sujeito, qualquer que seja a demanda inicial e quaisquer que sejam as finalidades (incluindo a pesquisa), constituem uma forma de intervenção. Tudo depende, entretanto, do manejo e dos objetivos que o clínico lhes atribui.

Chega-se então a levantar a questão do caráter científico do conhecimento global do sujeito que resulta dessa dinâmica. Nessa situação, a utilização de métodos quantificados e padronizados contribui para a elaboração do "conhecimento científico" necessário ao clínico. A entrevista clínica é percebida como um auxiliar que permite assinalar o encadeamento das diferentes etapas do "exame psicológico" e não como o momento "científico" a partir do qual se elabora o conhecimento. Este trata, em última instância, da "pessoa global".

A um outro nível, convém assinalar a distinção entre conhecimento e pesquisa. O "conhecimento científico" que está situado no cerne do procedimento de intervenção não é senão um momento de um procedimento cujo objetivo permanece a resposta à demanda do paciente examinado: "A intenção de saber articula-se de pronto a uma finalidade de ajuda" (Perron, 1979). A preocupação com conhecimento e com compreensão aparece como um dos fundamentos da relação de ajuda e como o encaminhamento que o clínico deve fazer para compensar seu "atraso" em relação ao paciente e para poder contribuir para o conhecimento que este terá de si mesmo (Monod, 1979). Não se trata aqui de uma finalidade de pesquisa, mas de um conhecimento do tipo intuitivo, armado pela teoria e apoiado na experiência da intersubjetividade. Em contrapartida, convém situar com precisão a posição e a função do conhecimento (ou da descoberta) que o psicólogo elabora no momento do encontro e as relações desse conhecimento de tipo intuitivo (Guillaumin, 1968) com o processo de validação que especifica a dinâmica da pesquisa.

A PESQUISA EM PSICOLOGIA CLÍNICA

Trata-se aqui de um outro procedimento, no qual a produção de conhecimento constitui o objetivo principal do pesquisador, ainda que fosse clínico e sem que a posição clínica (cf. acima C. Revault d'Allonnes) interfira de alguma forma no procedimento de pesquisa. Não se trata de elaborar um conhecimento no quadro e a partir da experiência da prática, mas de tomar as práticas (seus processos e seus efeitos) por objeto, com o fim de transformá-los (melhorá-los?), em um tempo ulterior, graças aos resultados da pesquisa. Nesse tipo de procedimento, o pesquisador se situa em posição de exterioridade em relação às situações estudadas: exterioridade na medida em que não é diretamente um dos protagonistas da situação; exterioridade também tendo em vista que os referentes teóricos e metodológicos são muitas vezes diferentes daqueles empregados pelo clínico terapeuta.

Para Huber, a pesquisa em psicologia visa a dois objetivos: "a observação, a descrição e a explicação dos fenômenos e processos encontrados em psicologia clínica em geral, a elaboração e a aquisição de um saber teórico [...] e a elaboração, a invenção e a validação dos meios de ação que ela tenta então melhorar ou substituir por técnicas novas". (Huber, 1987). Encontramos então a dupla fundamentação da clínica no conhecimento e no campo da prática; os objetivos da pesquisa visam, em parte, a um retorno à prática sob forma de crítica e de aperfeiçoamento dos meios de ação. No entanto, se se supõe que o objeto da pesquisa reside ao mesmo tempo no conhecimento dos fenômenos fundamentais e no conhecimento dos meios de ação, deve-se observar que Huber consagra a maior parte de seu texto para a descrição da pesquisa sobre as psicoterapias. A distinção entre pesquisa fundamental e pesquisa clínica, ainda operante no campo biomédico (Inserm, 1988) mantém-se implícita.

Indaguemos agora sobre os procedimentos acionados nesse tipo de pesquisa. As psicoterapias e sua eficácia são um objeto de pesquisa ao qual um pesquisador exterior, e não diretamente implicado nas situações que estuda, vai aplicar planos de pesquisa de tipo experimentalista.

Huber relata notadamente o debate levantado por Eysenck na década de 1950 a propósito da eficácia terapêutica das psicoterapias; Eysenck sustentava a tese segundo a qual essa eficácia não é provada e não poderia ser provada pelos próprios terapeutas. Contrariamente ao dispositivo de avaliação das terapias, de que ele é o terapeuta, que Rogers construiu e utilizou (Rogers, 1967).

Para além do caráter polêmico desse debate, é importante notar que os procedimentos de pesquisa que são discutidos decorrem mais da lógica do controle do que da lógica da avaliação (Ardoino, 1975, 1986). Os resultados obtidos por esses estudos apresentam-se como fortemente redutores, uma vez que as variáveis consideradas são muito pouco numerosas e não são capazes de dar conta da complexidade das situações analisadas. Além disso, o critério central de medida da eficácia terapêutica consiste na remissão do sintoma, o que é certamente importante, mas que não poderia constituir o essencial, notadamente no quadro das terapias analíticas especificamente visadas por Eysenck. Trata-se aqui de um procedimento de objetivação cuja principal preocupação é excluir a subjetividade do pesquisador e também a do terapeuta e do paciente.

A realização desse tipo de pesquisa exige a instalação de dispositivos de coleta de material paralelos às situações psicoterapêuticas (antes, durante, após as situações) e, sem que os efeitos dos dispositivos de pesquisa sobre os pacientes e sobre os terapeutas, que sobrecarregam o dispositivo terapêutico, sejam sempre analisados; estes são por vezes considerados como desvios que introduzem uma intenção suplementar principalmente para o terapeuta.

Esses planos de pesquisa são objeto de críticas dirigidas à impossibilidade de considerar um número suficiente de variáveis e às dificuldades a serem superadas para dispor de amostras de controle (cf. Huber, op. cit.). Como se a lógica científica expressa demonstrada em relação às psicoterapias não parecesse capaz de dar conta da complexidade de seus processos.

A pesquisa em psicologia clínica consiste portanto, para esse autor, na aplicação em exterioridade de métodos de pesquisa de tipo objetivante, a sujeitos envolvidos além disso em situações clínicas com e por objetivo medir a eficácia geral da psicoterapia, com a ajuda de um número restrito de variáveis. O que nos parece criticável, constituindo o ponto cego desse tipo de procedimento, não é tanto a escolha de funcionar em exterioridade como a crença segundo a qual essa exterioridade seria fonte de objetividade.

A PESQUISA CLÍNICA

A pesquisa clínica, a exemplo da pesquisa-ação (Dubost, 1984), é objeto de uma pluralidade de definições que põem em jogo e atribuem um peso e uma posição diferente a esses diversos momentos que são, por um lado, a intervenção e a prática clínica e, por outro lado, o procedimento de produção de conhecimentos.

AS AMBIGÜIDADES DA PESQUISA CLÍNICA

A separação entre o objeto e as limitações da pesquisa: a pesquisa clínica parece dividida entre a natureza de seu objeto e as limitações da pesquisa. Seu objeto reside no "estudo da pessoa total em situação" (Lagache, 1962), no estudo de uma personalidade singular na totalidade de sua evolução e de sua situação" (Favez-Boutonier, 1962) ou ainda na "singularidade e na totalidade de um sujeito, considerando simultaneamente seu funcionamento psíquico, seu modo de relação, a história vivida, os acontecimentos exteriores" (O. Bourguignon, 1986, p. 752). Esse objeto parece, à primeira vista, como carregado de uma imensidade dificilmente conciliável com as exigências inerentes a todo procedimento de pesquisa científica.

A primeira dessas exigências é a *redução*, "não há rigor sem redução" (Veil, 1986, p.757), que se concretiza pela "escolha de um nível de realidade, de conceitos operatórios, de um objetivo restrito, de hipóteses de trabalho, de uma variável e o controle de todas as outras" (O. Bourguignon, 1986, p. 754).

Primeiramente, a contradição central entre o ideal da clínica (colocado por Favez-Boutonier, em ruptura com a psicologia experimental, cf. Prévost, 1985), e as exigências do procedimento científico, apresentadas como "limites", tornam sensíveis as tensões no interior das quais vai se desenvolver o procedimento de pesquisa clínica. Esse tipo de pesquisa consiste em "um procedimento de conhecimento do funcionamento psíquico que visa construir em uma estrutura inteligível fatos psicológicos que têm o indivíduo como fonte" (Perron, 1979, p. 38). A contradição se precisa uma vez que Perron (como Bourguignon) reconhece a necessidade de uma construção, que implica o abandono da ilusão do objeto dado. Assim, em algum caso, "a pessoa total" ou "a personalidade singular" não é dado *a priori*: resulta de uma construção que decorreria não apenas da psicologização e da análise do funcionamento psíquico (cf. as tentações fenomenológicas da psicologia clínica: Prévost, 1968), tendo em vista que o psicólogo clínico intervém em contextos e demandas variados, mas precisos que circunscrevem o objeto de seu procedimento. Além disso, o olhar clínico "limita-se a considerar um número limitado de sinais escolhidos de início como observáveis e significativos, obedecendo e em resposta ao referente teórico" (Harrison-Covello e col., 1984). Se "a pessoa total" é o referente subjacente, na medida do qual a redução pode ser conduzida e avaliada, a noção de redução implica considerar que as situações a partir das quais o pesquisador trabalha apresentam uma complexidade cujos fios precisam ser separados antes que sejam escolhidos alguns a serem utilizados. A "pessoa total" mostra-se já portadora de uma redução implícita em nome da natureza das situações construídas, nas quais ela é abordada e em nome do tipo de olhar que é colocado sobre ela. A redução inerente ao conhecimento de tipo científico é, na verdade, uma segunda redução que resulta dos processos de construção de objeto. É falar da importância do "trabalho" específico que deve efetuar o pesquisador para fazer obra de conhecimento, entendida em parte como desconstrução de suas próprias evidências e representações ideológicas.

SITUAÇÃO DE INTERVENÇÃO E DISPOSITIVO DE PESQUISA

A segunda ambigüidade reside na necessidade para o pesquisador de dispor de situações que permitem o acesso à complexidade na ótica da pesquisa. Pode tratar-se das "situações reais de empenho dos indivíduos (C. Revault d'Allonnes, Barus-Michel, 1981), de situações de tipo terapêutico individual ou coletivo nas quais o clínico responde a uma demanda, ou de situações provocadas e construídas por exigência do pesquisador, dentro da finalidade da pesquisa.

A necessidade para o pesquisador de dispor de tais situações produtoras de complexidade e de sentido dá origem a uma dificuldade em distinguir o registro da intervenção do registro da pesquisa assim como a tentação de colocá-los, em certos momentos, sobre o mesmo plano. Por um lado, coloca-se uma incompatibilidade estrita entre as duas dimensões: "não se pode conduzir ao mesmo tempo pesquisa e terapia junto ao mesmo sujeito" (O. Bourguignon, 1968). E discutir a posição dos clínicos que sentem a necessidade de dizer que fazem pesquisa quando fazem terapia e a posição dos pesquisadores que fazem terapia 'selvagem'. Se a adoção pelo clínico de uma atitude de pesquisa na situação terapêutica ou na situação de exame psicológico ajuda a tranqüilizá-lo, isso não se faz sem reforçar a "violência" da situação de exame psicológico por um acréscimo de objetivação. Fédida nos relata o caso de uma paciente que se sentia objetivada e reduzida à dimensão de um "belo caso" (Fédida, 1968); esta é uma situação dificilmente provocada pelo clínico, na medida em que seu investimento profissional, uma parte de sua atividade e a necessidade de se situar a uma "boa distância" são então postas em dúvida.

No interior de dispositivos de formação que utilizam o vídeo, Colette Piquet descreve os sentimentos de perseguição e a "fantasia de transparência" dos participantes dessas sessões (Piquet, 1983). Neste último exemplo, no entanto, a análise da "fantasia de transparência" (que deve ser compreendida como efeito clínico provocado pela própria natureza do dispositivo de intervenção) enriquece e favorece o trabalho de elucidação conduzido no grupo. Se parece difícil conciliar pesquisa e intervenção (e o vídeo pode constituir uma metáfora do olhar do pesquisador), a consideração dessa dificuldade e dos efeitos que provoca pode extravasar positivamente sobre os dois procedimentos. O trabalho de elucidação conduzido conjuntamente pelo clínico e/ou os sujeitos em torno das dimensões da relação pode articular-se com o projeto de conhecimento específico do clínico.

Mas estamos já do lado do "des-compartimento" da prática e da pesquisa, supondo-se que permita um duplo enriquecimento desses dois procedimentos (Pagès, 1968). A prática de intervenção vem alimentar as hipóteses do pesquisador ao mesmo tempo que suas hipóteses abrem e facilitam seu trabalho de compreensão das pessoas junto das quais ele intervém. A propósito dos estudos de caso conduzidos pelos grandes fundadores do procedimento clínico, Huber escreve que "essas duas tendências não apenas não se excluem, mas se completam de maneira que o paciente é o primeiro delas se beneficiar." (Huber, 1987, p. 178)

Além disso, a covalidação dos resultados pelo indivíduo ou o grupo com o qual o pesquisador trabalha se antepõe às exigências às quais este último se submete. O pesquisador deve, nesse exemplo, obter do ou dos sujeitos à validação de suas interpretações sem que isso seja suficiente para constituir "a administração da prova" exigida pela comunidade científica, à custa de uma sobrecarga de exigências clínicas e éticas.

Temos aí um modelo de relação entre o clínico e o(s) sujeito(s) no qual o processo da pesquisa permite a elucidação dos processos de mudança que aí ocorrem. Mas a pesquisa corre o risco de ser absorvida na situação de intervenção sem se beneficiar do *a posteriori* necessário à confrontação entre as hipóteses e o material coletado.

O problema é, pois, colocado pela distinção entre situação terapêutica e situação de pesquisa e a possibilidade ou a impossibilidade de conduzir de frente e simultaneamente os dois procedimentos na mesma situação.

A ARTICULAÇÃO ENTRE A INTERVENÇÃO E A PESQUISA: PROPOSIÇÕES PARA A PESQUISA CLÍNICA

Considerando que o procedimento de pesquisa clínica é constituído por diferentes momentos (a exemplo de todo procedimento de pesquisa), deve-se agora localizar mais precisamente imbricamente e a distinção desses diferentes momentos assim como sua temporalidade.

A pesquisa clínica resulta da autonomia relativa do procedimento de conhecimento em relação aos objetivos terapêuticos ou de mudança. Apóia-se em situações (terapêuticas ou não-terapêuticas) que podem dar lugar a efeitos clínicos de mudança assim como resistências a esses efeitos.

Por essa ótica, as situações terapêuticas como as situações de pesquisa (isto é, as situações provocadas pelo pesquisador) constituem momentos de coleta de material desde que o pesquisador os integre em um dispositivo que permita considerar os diferentes processos que aí ocorrem e retomá-los para tratá-los *a posteriori*; o que supõe a elaboração de um documento (cf. *infra*).

Submetida a outras exigências que a intervenção não sofre, a pesquisa clínica obriga a organizar dispositivos específicos que permitam ao pesquisador produzir conhecimentos validados e comunicáveis, e tirar significações. Essa relativa autonomia (em relação à dinâmica das situações nas quais o pesquisador trabalha) necessita da construção e da articulação de dois tipos de metodologias.

Por um lado, metodologias e estratégias de pesquisa que constituem o quadro de validação da pesquisa clínica e permitem tirar as significações do encontro entre o pesquisador e os atores assim como as significações dos discursos produzidos pelos atores (coleta e tratamento). Por outro lado, metodologias de intervenção, que visam considerar as exigências implícitas dos sujeitos e a gerir as situações nas quais são acionadas técnicas como a conduta da entrevista, a observação, a dinâmica de grupo, os testes etc., que ocorrem no interior do dispositivo de pesquisa.

Parece portanto que a intervenção (e sobretudo a gestão de seus efeitos) é um momento e uma dimensão no interior de um dispositivo de pesquisa, que a própria pesquisa responde a uma exigência do sujeito ou que ela seja da iniciativa do pesquisador.

O fato de considerar que o momento da coleta do material pode ter valor de intervenção e trazer vantagens ao objeto assinala a especificidade da pesquisa clínica ao mesmo tempo que traduz sua complexidade e dificuldade.

Todo o problema consiste então em colocar em perspectiva o que se passa nos momentos de interação entre o pesquisador e o sujeito com o que se supõe passar no espaço do sujeito. É o modelo da repetição e da transferência desenvolvido por Freud (1914). Esse modelo foi retomado e ampliado para as situações de grupo por Guillaumin na distinção entre "grupo-primeiro" e "grupo-segundo": "De grupo primeiro em crise a grupo segundo em crise transferencial, o fenômeno crítico pode ser elaborado a ponto de revelar o incompreendido ou o inconsciente do grupo original e se há restituição ao ponto de partida, de levantar os bloqueios [...], o grupo segundo serve aqui de lugar de passagem para a representação e teorização e daí à explicação da experiência vivida no grupo." (Guillaumin, 1979). O trabalho interpretativo consiste aqui no esclarecimento recíproco de uma situação pela outra?

Tais observações nos conduzem à formulação de alguns princípios.

SUSPENSÃO, RETOMADA E A POSTERIORI: A CONSIDERAÇÃO DA TEMPORALIDADE

O procedimento clínico de pesquisa se constrói progressivamente em uma sucessão de momentos de elaboração científica e de momentos de relação com os atores.

Como em toda pesquisa científica, a primeira fase conduz evidentemente a construir um corpo de hipóteses. A construção das hipóteses parte das questões que são colocadas ao pesquisador, confrontadas com a teoria e com as pesquisas já conduzidas na área. Esse movimento é puramente reflexivo; visa a transformação das questões do pesquisador em hipóteses. Trata-se de uma tradução das questões saídas da prática, na linguagem conceitual da pesquisa. Essa tradução é acompanhada por uma redução do domínio do objeto ao mesmo tempo que de seu aprofundamento e de sua ampliação interna.

Esses preâmbulos distinguem de imediato a pesquisa clínica da "simples" intervenção e lhe dão sua finalidade (A. Bourguignon, 1982).

As entrevistas clínicas de pesquisa assim como os outros métodos de coleta de material (observações, grupos, etc.) constituem um momento de confrontação das hipóteses do pesquisador com a realidade das situações e das pessoas encontradas. O sujeito entrevistado constitui um interlocutor privilegiado do pesquisador. Na verdade, o roteiro de entrevista que pré-estrutura a conduta da entrevista é a tradução das hipóteses científicas do pesquisador, na "língua" na qual a entrevista vai se desenrolar.

Essa confrontação das hipóteses do pesquisador com a problemática do entrevistado submete o pesquisador a um "efeito estereofônico". Ele deve, na verdade, prosseguir sua reflexão científica deixando desenvolver o discurso do entrevistado. Ele pode assim escolher não inferir sobre esse desenvolvimento e favorecer a expressão do sujeito ou ainda, por ocasião de retomadas ou reformulações que testemunham seu trabalho interior, deixar ao sujeito sua compreensão do discurso que pode ser vivido por ele como uma interpretação.

O momento de coleta do material é movido por um processo de descoberta ligado à compreensão intuitiva que o pesquisador elabora em um movimento de apropriação da problemática do sujeito e de reformulação na problemática da pesquisa (Guillaumin, 1968).

Como o momento de coleta do material coloca o pesquisador diante de um sujeito, o momento do tratamento coloca este diante do conjunto de produções dos sujeitos que constituem a amostra. O *a posteriori* da coleta do material exige uma suspensão da relação com o sujeito quando a problemática do sujeito é discutida, novamente, à luz das hipóteses de pesquisa e dos outros discursos colhidos. Afastado da gestão da relação estabelecida com os sujeitos interrogados, o pesquisador pode dirigir seu olhar para as zonas que delimitou para conduzir seu trabalho. Essa fase do trabalho apóia-se sobre a utilização de métodos de análise do material (cf. Bardin, 1977, D'Unrug, 19974, Jeammet, 1982, aos quais remetemos o leitor).

NORMA E REGRA

Diferentemente dos planos de pesquisa de tipo experimental nos quais as hipóteses servem para controlar os valores tomados pelas variáveis, a confrontação das hipóteses e do material colhido permite a reformulação ou o reenquadramento dessas hipóteses. As hipóteses que permitem localizar o ponto de partida da pesquisa são alimentadas, enriquecidas, até modificadas pelo trabalho clínico em um movimento espiral. O objeto da pesquisa sofre um processo de construção-desconstrução permanente, paralelo à "conscientização crítica" (Ardoino, 1986) do pesquisador. Assim, a pesquisa clínica vem se situar em uma lógica científica da regra.

No procedimento experimental, o dispositivo funciona como norma. Os processos e os fenômenos que aí aparecem são interpretados como as respostas do objeto às perturbações introduzidas pelo experimentador (Thom, 1985). Somente as respostas do objeto às perturbações do experimentador são mensuráveis. As eventuais "perturbações" introduzidas pelo sujeito não são mensuráveis por não terem sido previstas no dispositivo de pré-codificação, não entrando, pois no protocolo experimental e não sendo, portanto, passíveis de interpretação.

Se se considera o dispositivo como uma regra, o problema se coloca diferentemente: "a questão no plano 'científico' não é tanto saber se o psicólogo aceita ou não as mudanças próprias ao objeto situado em seu contexto habitual, como saber se ele está apto a considerar a maneira como gera as mudanças por ele mesmo introduzidas ou impedidas no seu campo de experimentação" (Jeammet, 1985).

Este fato permite ao pesquisador distinguir aquilo que reencontra de suas hipóteses e de seu investimento no material recolhido e aquilo que aparece a mais ou a menos. Trata-se de tentar compensar o atraso do conhecimento do pesquisador sobre a complexidade do sujeito e de trabalhar em cima dos contrafortes que ele nos opõe e impõe (cf. Harrison-Covello, *op. cit.*).

A hipótese aparece aqui como uma construção forte, naquilo que ela permite ao pesquisador saber o que já sabe e que ela o ajuda a separar o que sabe do que ainda não sabe. É também uma construção provisória uma vez que seu destino reside principalmente em sua transformação e mesmo em sua negação.

A validação dos procedimentos de pesquisa fica situada entre a teoria e a experiência clínica; ela define a posição do pesquisador clínico em relação à do profissional tendo em vista que ela introduz um segundo dispositivo de leitura e de análise do material depois de suspensa a relação com o sujeito entrevistado.

Esse tipo de abordagem coloca problemas de validação porque não visa estabelecer fatos passíveis de reprodução em dispositivos experimentais, mas, sim, descrever e tornar inteligíveis modos de funcionamento e de des-funcionamento (Perron, 1977) e destacar as significações que lhe são aferentes. O que deixa um maior espaço a um trabalho de tipo compreensivo e portanto à subjetividade do pesquisador.

A dimensão de intervenção presente nesse procedimento tende a lhe conferir uma maior validade, pois seus resultados podem proceder de modificações que remetem diretamente à experiência dos sujeitos.

Apoiando-se na experiência clínica, ainda que se esforçando para ser relativamente autônomo e distante em relação a ela, o procedimento clínico de pesquisa procura elaborar conhecimentos validados tanto no plano da convicção como da argumentação. A estratégia de validação repousa principalmente na elucidação dos meios metodológicos específicos e por vezes originais que são utilizados. Este trabalho tem por finalidade principal apresentar alguns desses métodos assim como sua utilização no quadro de trabalhos de pesquisa.

Segunda Parte
Questões de Método

O DOCUMENTO: O REGISTRO, A INTERPRETAÇÃO E A VERDADE
A ESTRATÉGIA DO DOCUMENTO E SUAS INCLINAÇÕES

por Monique Plaza

Se, do século 12 ao 17, o termo *documento* é definido como "aquele que serve para instruir", hoje ele se apóia sobre o uso jurídico "títulos e documentos" que modifica o sentido. No plano semântico, a palavra *documento* liga-se à história, aos anais, aos arquivos; às fontes, às justificativas, às provas, aos testemunhos; à instrução, ao ensino, à informação (*Petit Robert,* 1981, p. 563). O documento é, portanto, ligado ao registro e à memória, à escuta e ao olhar, à transmissão e à comunicação. Se originariamente pertence à ordem exclusiva do registro escrito, pouco a pouco admitiu outros modos de inscrição (filmes, fotos, fitas...). No entanto é o escrito que constitui sua área privilegiada.

Defenderemos aqui a idéia de que o documento *não é um objeto material*, mas *constitui o produto de uma relação entre materiais e um certo tipo de leitura e de interpretação*. Assinalar os fundamentos do dispositivo na origem do documento deveria permitir, ao articular a prática clínica e a pesquisa clínica, e ao aproximar a psicologia de outras ciências humanas, definir um rigor possível do procedimento clínico.

O DOCUMENTO DO CLÍNICO: UMA PERSPECTIVA DOS REGISTROS

Na medida em que se considera clínica, a psicologia atribui uma grande importância aos encontros no campo, à observação direta, aos materiais recolhidos de primeira mão por meio de uma implicação controlada do psicólogo. Essa exigência concretiza-se em particular por intermédio dos estágios práticos efetuados pelos estudantes ou pelas enquetes de campo realizadas pelos pesquisadores. O psicólogo clínico fica assim submetido a uma prova de realidade: ele deve elaborar sua problemática e sua metodologia, construir uma situação, confrontar-se a indivíduos. O problema do documento coloca-se no momento em que ele vai tratar de inscrever alguma coisa dessa realidade, dela guardar o registro, colocá-la em perspectiva e comunicá-la.

DO MATERIAL AO REGISTRO

O clínico encontra um sujeito (indivíduo, grupo) ou as produções de um sujeito (textos, pinturas...) em um certo quadro que ele por vezes constituiu, por vezes integrou como tal. Guiado por suas indagações, por suas hipóteses de trabalho, ele suscita, recolhe e armazena um certo número de dados: o material clínico. Esse material pode ser o mais espontâneo possível (entrevistas não-dirigidas, associações livres) ou o mais codificado possível (protocolos de teste, obras já publicadas). O sujeito pode ser mais ou menos solicitante da situação do que o clínico (o pesquisador é geralmente mais solicitante do que o sujeito, relação que se inverte na prática clínica). O clínico deve fixar esse material, dispondo para tal de várias técnicas: no próprio momento, ele pode utilizar sua memória, uma fita de gravar, uma folha de papel, uma bobina de filme; em um tempo posterior, pode transformar o material acústico recolhido em resumo datilografado, ou ainda constituir uma "pós-imagem" de seu encontro com o sujeito (Masud R. Khan, 1985)

Esse procedimento de fixação pela escrita, que constitui o registro, conduz a uma objetivação do material. Le Guen o considera antinômico do processo psicanalítico: segundo esse autor, o trabalho do analista se faz sobre a memória (deformações, esquecimentos, remanejamentos) e não sobre os registros. Durante uma análise, a história do sujeito se reformula: pelo jogo das associações, os elementos psíquicos que chegam à consciência encontram um novo sentido; esse movimento psíquico e significante é por natureza oposto à rigidez da escrita, que "se coloca como representação de verdade" (Le Guen, 1981, p. 1.135). A posição de Le Guen é interessante, na medida em que sublinha a diferença que existe de fato entre, por um lado, o dispositivo terapêutico e, por outro, o dispositivo diagnóstico ou o dispositivo de pesquisa. Todo clínico pôde verificar que, se se sentia na obrigação de guardar o máximo de registros quando procedia a uma consulta diagnóstica ou estava envolvido em uma pesquisa, não mais podia tomar notas quando ouvia as associações de um indivíduo no enquadre de uma terapia. Na primeira situação, o trabalho dos registros é privilegiado; no segundo, é a atividade psíquica da memória que prevalece.

No entanto, o próprio dispositivo terapêutico não pode fazer a economia dos registros. Todo avanço teórico, prático e científico necessita de uma tomada de distância, de um procedimento reflexivo: as situações subjetivas, o quadro relacional terapeuta-indivíduo, as intervenções do terapeuta, devem, portanto, ser objeto de uma fixação para que possam ser transmitidas, compartilhadas. Se por um lado o trabalho analítico fundamenta-se essencialmente sobre o processo da memória e interrompe assim o registro, o trabalho de pesquisa não pode funcionar sem o registro do qual é dependente.

Ao fixar os registros de seu encontro com o indivíduo, o clínico faz com que escape os remanejamentos que sua evolução, suas outras experiências não deixariam de trazer (esquecimentos, deformações, reelaborações): "Quando desconfio de minha memória [...], posso completar e apoiar essa função cuidando de estabelecer um documento escrito. A superfície que conserva essa inscrição – ardósia ou folha – é então uma materialização do aparelho "de memória" de outro modo invisível em mim". (Freud, 1925 a, p. 1.107).

Uma tal inscrição não é evidentemente a visão integral, a cópia idêntica dos acontecimentos. Ela se fundamenta no ponto de vista do clínico, em seu ângulo de visão, que nunca se encontra ponderado pelo ângulo de visão dos outros protagonistas da situação (pacientes, sujeitos entrevistados...). Além disso, na inscrição dos registros, intervêm parâmetros, por um lado, próprios à personalidade do clínico, a sua formação, a seus pontos cegos e, por outro, a seu procedimento, a seu quadro de atividade.

• Quando da inscrição dos registros, o clínico pode se focalizar sobre certos elementos em detrimento de outros. Se ele está empenhado em uma prática de diagnóstico e se sua estratégia é nosológica, ele escolherá por exemplo localizar, no discurso e no ser do sujeito que tem diante de si, tudo o que decorre do sintoma; por um efeito de filtragem particular, ele reunirá os elementos interativos do encontro, suas próprias intervenções. Em um tal tipo de registro diagnóstico, a dissimetria é total: o sujeito que é descrito torna-se transparente e o clínico que discorre sobre o outro se apaga na sombra, torna-se opaco. O texto clínico produzido em um tal quadro é construído como um documento médico: tem por objetivo fixar informações sobre o "caso" do paciente, em relação ao qual o clínico está em posição de total exterioridade.

• O clínico pode também tentar fixar em sua escrita o maior número possível de elementos. Empenhado, por exemplo, em uma pesquisa, ele levará em consideração a integralidade dos discursos, dos silêncios, integrará suas próprias intervenções. Longe de pretender construir o estudo de um caso, ele se empenhará a considerar em seu protocolo o que foi, realmente, uma situação muito complexa.

Esse segundo método de inscrição é o mais rigoroso, na medida em que tende a cobrir o conjunto da situação com suas diferentes dimensões, seus parâmetros. Mas além de que este nem sempre pode ser realizado e operado (não é a redução parte da abordagem diagnóstica e da abordagem científica?), não esgota também a situação: sempre subsiste um resíduo entre a experiência tal como se realiza e o registro aí deixado por um dos protagonistas da situação. Levar em consideração esse resíduo remanescente e seu tratamento especificam a abordagem clínica que discute o pesquisador ou o profissional em sua implicação, em suas posições prévias, em seus desconhecimentos.

A reelaboração dos registros e sua comunicação

As matérias "brutas" assim fixadas pelo clínico são em geral objeto de uma nova elaboração: podem dar lugar a um relatório sintético que se torna uma das peças de um dossiê clínico ou ainda inserir-se, recortados sob forma de categorias temáticas, no fichário de um pesquisador. No primeiro caso, podem levar à elaboração de um diagnóstico e aos cuidados de uma pessoa, isto é, apoiar uma decisão concreta que diz respeito a um indivíduo. No segundo caso, podem servir de fundamento para uma análise que ultrapassa a singularidade de uma situação ou de uma pessoa e conduz a uma generalização (um dos objetivos da atividade científica). As matérias "brutas" – que são vistas como já saídas de uma elaboração muito complexa – são pois submetidas a um trabalho de condensação e de interpretação. O problema do documento coloca-se com intensidade no momento em que se trata de comunicar, de publicar alguma coisa dessas matérias assim colocadas em perspectiva.

Essa comunicação coloca um duplo problema, de deontologia e de rigor.

- **De deontologia** porque, em psicologia clínica, tratamos essencialmente com indivíduos que falam sobre si mesmos, envolvendo-se em sua vida íntima e até pondo a nu seus fracassos. Essas palavras emergem em um quadro teoricamente garantido pela prática do segredo profissional e pela noção de anonimato. Quando o clínico comunica o caso de um indivíduo, não pode senão abandonar-se à "violência da interpretação" (Aulagnier, 1975). Na verdade, quer se trate de uma relação psicológica estabelecida sobre a personalidade de um postulante a um emprego, de uma carta dirigida a colegas para precisar um prognóstico, de um diagnóstico comunicado às instâncias da Seguridade Social para justificar um tratamento, o clínico ultrapassa o quadro inicial do encontro. Essa ultrapassagem – inevitável nessa circunstância – é problemática na medida em que pode levar à estigmatização de uma pessoa. Além disso, é passível de produzir um efeito de violência se a pessoa colocada em posição de "caso" toma conhecimento do que dela se diz. O clínico que publica sobre uma pessoa não deveria fazê-lo supondo: que ele pode ser lido pela pessoa, que sua própria atividade é suscetível de ser questionada? Essas duas hipóteses deveriam sempre controlar e regulamentar sua escrita.

- **De rigor** pois, sob o pretexto de tratar de elementos secretos, o clínico não pode se fechar no "privado" de sua prática: além do fato de que, se ele atua em uma situação institucional, deve prestar contas de seu trabalho, de toda forma deve confrontar-se a outros modos de abordagens. Para isso, é preciso fixar registros, organizar seu ponto de vista, comunicar as conclusões de seu trabalho. Uma comunidade científica não pode se fundar sem o controle recíproco, a participação. Isso significa que o acesso ao material deveria ser potencialmente livre, que o material deveria ser fixado e inscrito para ser acessível e legível. Mas como tornar acessíveis e públicos os registros que dizem respeito à intimidade das pessoas? No modo de organização desses registros, delineia-se e precisa-se aquilo que vai se tornar o documento do clínico.

Os textos clínicos que são publicados respeitam o princípio do anonimato: o autor procede a mudanças de nome, distorce as situações, tentando assim reduzir a transparência do indivíduo a fim de que ninguém possa identificá-lo. Mas pedaços da fala do sujeito, elementos de sua história, são escritos, e inseridos na trama interpretativa do clínico. O texto do clínico situa-se então a meio caminho entre o relatório e a ficção. Qualquer que seja a situação de início, o que se torna o "documento" do clínico – a passagem de registros organizados e perspectivas em um domínio público – comporta sempre uma parte de dissimetria, de ocultação e de ficção. Se a parte de ficção é mais importante em psicologia clínica do que em outras ciências humanas, é porque o material inicial diz respeito à subjetividade de pessoas vivas. Mas a ocultação e a dissimetria são constitutivas de todo documento, pois o documento é em sua própria essência o produto de um olhar e de uma perspectiva.

A TRANSFORMAÇÃO DE UMA ESCRITA EM DOCUMENTO: OS REGISTROS DA INTELIGIBILIDADE

O trabalho realizado pelos historiadores demonstra muito claramente que o documento é uma construção e não um arquivo que falaria de si mesmo e por si mesmo.

Em um livro que tenta descrever a prática das *Lettres de cachet*[1] entre 1728 e 1757, Michel Foucault e Arlette Farge denunciam como uma "tolice" a idéia de que "a história seria consagrada à *exatidão do arquivo*" (Foucault et Farge, 1982, p. 9). E justamente como contraponto dessa "tolice" eles constroem sua demonstração. Pode se ver muito claramente em seu texto o processo de transformação de uma escrita classificada, arquivada em um documento histórico. Essa transformação repousa sobre a escolha de um material, de um modo de indagação, de uma leitura e de uma interpretação. Os autores separam nitidamente os capítulos de sua obra: exprimem primeiro as hipóteses elaboradas de-

---

[1] Cartas régias contendo ordens de prisão ou de exílio (N.T.).

pois de ter selecionado um corpo de texto arquivados na Bastilha, dos quais propõem, em um segundo momento para nossa leitura, trechos (cartas de pais, de esposos, para pedir ao Rei a internação de uma pessoa), enfim eles retiram de sua análise um certo número de perspectivas. Se o arquivo conserva assim sua densidade "bruta", ele adquire uma inteligibilidade específica, a que lhe confere a leitura dos autores.

Um texto, qualquer que seja, é sempre produzido em uma certa perspectiva. A carta de um escritor a um amigo, um romance, um texto teórico, um requerimento dirigido ao Rei no século 17 são dotados de uma auto-inteligibilidade (Plaza, 1986). São respectivamente elemento de uma correspondência amistosa, modo de expressão literário, atividade científica, correspondência administrativa, e têm sua finalidade, sua linguagem, seu sentido próprios. Tornam-se documentos quando se encontram tomados em uma perspectiva significante nova que os situa em um registro que inicialmente não era o seu.

Que conseqüência tem, para o texto, uma tal mudança de registro? Mais precisamente, a passagem à posição de documento psicológico modificaria o teor do texto inicial?

O DOCUMENTO CLÍNICO: O PRINCÍPIO DA JUSTAPOSIÇÃO

É interessante observar que os documentos estabelecidos pelos clínicos podem *tornar-se* documentos clínicos em um sentido mais passivo: de algum modo à sua revelia. O olhar do clínico torna-se então objeto de um novo olhar que o despoja da neutralidade de que se gabava.

Em 1908, o Dr. de Clérembault, psiquiatra, publica um artigo intitulado *Paixão erótica das mulheres pelos tecidos*. Ele aí expõe as observações de três mulheres que tinham experimentado uma atração mórbida, principalmente sexual, por certos tecidos. Em 1928, expõe diante da Sociedade de Etnografia de Paris uma "classificação de certos drapeados". Esses dois textos pretendem ser contribuições que ampliam o quadro de conhecimentos: são pois documentos científicos.

Em sua obra *A paixão de um neuropsiquiatra pelos tecidos*, Papetti, de Freminville, Valier, Tisseron confrontam esses documentos científicos com a vida de G. de Clérembault, a seus devaneios, a sua atração pelos tecidos e drapeados. A seus olhos e pelas suas leituras, a figura fria do psiquiatra se anima de uma viva paixão, e suas observações clínicas tomam um novo relevo. A intenção dos autores é denunciar o "subterfúgio" da psiquiatria que, obstinando-se em "ser lisa para crer em si mesma [...] desejaria que se invente sem paixão o que é a paixão. E que se tenha forjado a uma austera distância das teorias tais como as de Clérembault" (Papetti, de Freminville, Valier, Tisseron, 1980, p. 8). O documento psiquiátrico elaborado por de Clérembault torna-se assim um documento dotado de uma dimensão nova. Esse novo documento – que pode ser qualificado de "clínico" por mostrar os efeitos e os determinantes de uma subjetividade – justapõe-se ao primeiro do qual não pode prescindir, aos olhos dos leitores, de mediar o conteúdo. Quando se conhece a vida de G. de Clérembault, sua paixão pelos tecidos, não se pode mais considerar com o mesmo olhar os documentos médicos do Dr. de Clérembault: o homem e sua perturbação aparecem em filigrana por trás da observação fria do clínico. O que transforma aqui um documento médico-científico em documento clínico é considerar a relação entre o médico (o observador opaco) e seu sujeito de observação (o paciente reduzido à transparência): é mostrar a implicação subjetiva do observador em sua observação.

A obra de Freud é interessante a esse respeito, pois deu lugar a muitos olhares sobre o olhar. Ele produziu relatórios clínicos a partir das curas analíticas que praticava. Esses textos aparecem como documentos por dois motivos. Primeiro, trazem informações sobre um certo indivíduo, um funcionamento psíquico, uma prática terapêutica em um quadro dado: são, pois, documentos teóricos, científicos, práticos. Em segundo lugar, constituem arquivos, fixando no tempo um certo estado da psicanálise, um momento da reflexão e da prática de Freud: podem assim ser considerados como documentos históricos (se se deseja neles ler a evolução de uma disciplina) ou como documentos clínicos (se se deseja neles delimitar a implicação do indivíduo Freud).

O "documento clínico" é, pois, uma estratégia de objetivação que não atinge a inteligibilidade própria do texto: justapõe-se ao texto original, situando-o em um novo registro, esclarecendo-o sobre um novo modo, sem a ele se substituir.

Essa estratégia de objetivação atua na abordagem psicológica da literatura, e mais precisamente no procedimento psicobiográfico. A psicobiografia liga a obra escrita à história de seu autor, esclarece sob um ângulo psicológico o ato de escrever: tenta, pois, transformar um texto literário em um documento clínico. Essa transformação provoca certa tensão: campo literário e psicológico entram normalmente em conflito; o primeiro acusa o segundo de simplificações psicologizantes e de desconhecer a realidade do trabalho de escrever (Baudry, 1968). No entanto, o texto literário tem um poder de irradiação que a interpretação psicológica não consegue verdadeiramente encetar. Ele oferece a resistência de seu próprio sentido, irredutível ao funcionamento psíquico do autor e às divagações de sua história:"[...] Um bom livro nunca é uma história clínica ou apenas uma história clínica. Ele descreve um problema universal, que pode ser abordado de diversas maneiras e que tem vários níveis de comunicação". (Segal, 1982, p. 41)

O documento psicopatológico: A superposição

Certos escritos, no entanto, são totalmente desprovidos desse poder de irradiação, pois se encontram descentrados em relação às referências consensuais da inteligibilidade (Plaza, 1986): não podem aspirar a nenhuma forma de universalidade. Taxados de "loucura" pelos leitores que deles tomam conhecimento, são objeto de uma total rejeição.

André Blavier, literato amigo de Quenaeau, teve a idéia de pesquisar em bibliotecas textos acometidos por tal estranheza. Produções muito diversas, esses textos poderiam ser situados em registros muito diferentes (filosofia, literatura, medicina, política, ciência..."); ora, eles não puderam se inscrever em nenhuma realidade textual, permanecendo letra morta (Blavier, 1982).

Blavier chama de "loucos literários" aos autores desses textos. Graças a este qualificativo, que situa sua estranheza em relação ao quadro consensual da Razão, esses textos chegam à publicação. É quando se constituem em *documentos psicopatológicos* que lhes assegura então uma certa notoriedade. Por si mesmos, esses textos não têm o poder de irradiação suficiente, pois não dispõem da autointeligibilidade necessária para se impor.

Quanto mais um texto é em latência de sentido em relação ao quadro da inteligibilidade, mais é suscetível de se tornar um documento e *de permanecer como tal.*

A estratégia psicopatológica é a mais definitiva em matéria de objetivação. Apoiando-se no conceito de loucura, permite na verdade três coisas:

– Ela une o autor a seu texto, o texto ao autor: eles se remetem mutuamente, em uma estreita dependência;

– Ela coloca o autor em exterioridade em relação ao texto: o autor do que se torna um documento patológico não domina um enunciado que lhe escapa, do qual é desprovido, em virtude de sua perda mental;

– Ela deixa o observador fora do campo da observação: representante da Razão se torna um olhar neutro, objetivo (Plaza, 1984). A estratégia psicopatológica faz desse fato um modelo, uma perspectiva de objetivação. Dispõe de um poder importante, dificilmente neutralizável.

Michel Thévoz, literato inscrito no movimento da Arte Bruta, reuniu escritos "brutos" e os publicou (Thévoz, 1979). Trata-se de textos que não foram objeto de qualquer publicação dada sua produção estranha e sua significação. Provenientes em sua maioria de pessoas internadas em hospitais psiquiátricos, esses textos têm como único destino tornar-se documento psicopatológico: são utilizados por psiquiatras para ilustrar estudos de casos psiquiátricos ou uma questão de nosologia. Tenta Thévoz romper o estatuto de documento psicopatológico atribuído a esses textos e reabilitá-los enquanto obra de Arte bruta. Seu procedimento é interessante, mas se choca com um obstáculo ligado à própria natureza dos textos: Thévoz não pode evitar por sua vez em objetivar os textos; ele lhes dá, na verdade, um sentido ao qual eles são radicalmente estranhos. A interpretação em termo de Arte, que visa desfazer o estatuto de documento psicopatológico, constitui ela também um *forcejar do sentido*. Esse forcejo do sentido é inevitável já que os textos são desprovidos de auto-inteligibilidade. É, portanto, como *documentos do literato* (servindo para ilustrar suas teses em matéria de arte, de escrita e de loucura) que eles obtêm um certo reconhecimento. Quanto mais um texto é desprovido de auto-inteligibilidade, mais tem necessidade de entrar em um quadro significante consensual, de *tornar-se um documento*, para ser conhecido e compartilhado.

O DOCUMENTO, ESTRATÉGIA DE INQUISIÇÃO: A PROVA E O TESTEMUNHO

O DOCUMENTO E A PROVA

Nos Estados Unidos, para denunciar o comportamento de um homem político, a Imprensa – importante poder – recorre muitas vezes aos documentos: ela assim cita a assinatura de um Presidente embaixo de uma carta, o que demonstraria a aprovação de uma venda de armas a um país inimigo; ela publicou as fotos de um candidato à presidência, o que revelava uma relação extraconjugal; publicou a transcrição de conversas telefônicas de um presidente, o que trouxe a público uma corrupção em nível de Estado. Uma foto, uma carta, uma conversa telefônica desempenham então um papel de peça de acusação e são suscetíveis de levar à destituição política das pessoas assim colocadas como suspeitas. O documento é tomado em uma estratégia de tipo jurídico, constitui o elemento central de uma investigação, que em geral dá lugar a um processo no sentido institucional do termo.

Essa técnica documental é utilizada em numerosas circunstâncias, quando interesses (notadamente econômicos) se opõem e torna-se necessário implicar pessoalmente, comprometer, o adversário a fim de negociar em uma base mínima com ele (processo de divórcio, por exemplo).

Essa estratégia é, no entanto, problemática, pois as provas trazidas pelos documentos são extremamente relativas. Como o documento é o produto de uma perspectiva, não tem em si mesmo senão uma margem reduzida de existência. A fabricação de fotos trucadas, de cartas falsificadas, de passaportes verdadeiros-falsos, não apenas faz parte do universo romanesco de um autor-espião como John Le Carré ou das práticas da KGB: é também usada no mundo político ou jornalístico de todos os países.

A estratégia subjacente ao documento consiste em submeter um material dado a uma grade de leitura que se apóia sobre uma certa concepção da Lei. Pelos três exemplos americanos citados, a Lei assim é formulada: a venda de armas a um país inimigo, a corrupção, o adultério são proibidos e incompatíveis com o exercício do poder. A Lei que subentende o estabelecimento do documento remete a uma concepção da política, da moral e do funcionamento social. Põe em um mesmo plano negativo um ato político com amplas conseqüências e uma opção de vida pessoal.

O documento apresenta, pois, em sua estrutura duas particularidades que podem modificar seu uso.

- Quando é colocado como um objeto real, material, e não como um objeto construído de conhecimentos, o documento é definido como elemento de verdade, apto para julgar o papel de prova. Encontra-se, então, dissimulado o fato de que o documento pode estruturalmente decorrer da ficção e da realidade, da aparência enganosa e da verdade.

- A grade de leitura, a colocação em perspectiva, que servem de fundamento ao estabelecimento do documento tendem por vezes a confundir a Lei e as regras, as regras e as normas sociais. O "documento" pode então servir para denunciar o que é marginal em relação à norma. Coloca-se aqui a questão de saber quais interesses podem servir à constituição de um documento que repousa sobre uma submissão cega a normatizar o social. É interessante a esse respeito confrontar a força da denúncia operada contra o Capitão Dreyfus, injustamente acusado por ser judeu, e a inutilidade, aos olhos da maioria dos austríacos, de todos os documentos produzidos contra Kurt Waldheim. O documento fala porque serve a certos interesses; pode ser totalmente mudo quando não responde a nenhuma demanda social.

Mas a estratégia do documento pode, retornando, ser objeto de uma verdadeira perversão. O que dizer das teses "históricas" recentes, que negam a realidade das câmaras de gás, senão que elas tratam dos acontecimentos reais que deixaram marcas materiais, *como se se tratasse de documentos*, portanto como se se tratasse de construções aleatórias. Essas teses constituem uma perversão dos progressos teóricos desses últimos anos, que levantaram dúvidas sobre o positivismo e fizeram a diferenciação entre objeto real e objeto de conhecimento (Althusser, Barthes, Foucault, Lacan, Levi-Strauss). Ainda que seja verdade que o objeto de conhecimento é construído, isso não significa que o real seja do domínio do arbitrário e que seja questão de interpretação. O documento histórico é o produto de uma perspectiva; mas os acontecimentos históricos – decorrentes da práxis social – têm sua própria densidade e deixaram marcas múltiplas (na terra, nas paredes, nos espíritos e nos corpos, sobre os cadernos e os registros) que não decorrem da interpretação, mas do *julgamento de realidade* (Freud, 1925 b).

Formular um julgamento de realidade a propósito de um documento volta a negar o processo de interpretação e a ocultar as normas que servem de referência. Mas tratar a realidade como se ela fosse apenas um documento leva não apenas a garantir essa realidade, mas ainda a duplicá-la, adotando as normas que a permitiram e a sustentam.

O documento e o testemunho

O procedimento clínico que utiliza a estratégia do documento não fica ao abrigo dessas diversas inclinações. O problema crucial é a referência implícita ao normatizar.

Em um artigo que analisa a obra de Oscar Wilde, J. Chasseguet-Smirgel (1982) diferencia o "estetismo" (que repousaria na idealização) e a "criação" (que se fundamentaria sobre a sublimação). Ela coloca Oscar Wilde na categoria dos "perversos" (sem dúvida por ele ter sido um homossexual confesso) e sua obra do lado do estetismo. A obra perde assim sua densidade própria – e mesmo sua legitimidade – enquanto que o escritor se encontra em julgamento, por seus excessos "pulsionais".

Os textos de Oscar Wilde são transformados em documentos clínicos, psicopatológicos, a partir de uma concepção da norma psíquica que *tem força de Lei*. J. Chasseguet-Smirgel procura nos textos de Oscar Wilde (e nos textos de escritores que ela coloca como seus pares em homossexualidade: Gide e Proust) o testemunho de uma profunda e radical não-criatividade.

O projeto subjacente a uma tal análise não é distinguir claramente, no "patrimônio cultural ocidental e talvez humano em geral", o que decorre propriamente da criação e o que, obra de "pervertidos, de homossexuais de todo modo" (p. 116) decorreria do fracasso criativo?

Efetuando uma tal distinção, o clínico procede a uma denúncia normativa que excede o quadro de sua intervenção. Ele se deixa envolver pela estratégia jurídica do documento e torna-se um inquisidor. O benefício que recebe em ocupar essa posição não é pequeno: "Prazer em exercer um poder que põe em dúvida, fiscaliza, espreita, espia, remexe, apalpa, escava" [...] "Poder que se deixa invadir pelo prazer que persegue" (Foucault, 1976, p. 62).

Se o clínico se refere a uma lei, deve explicitá-la a fim de não ser dominado por ela e de não desfrutar da posição de domínio que ela lhe oferece. A noção de perversão é um bom analisador dessa questão, pois põe em relevo a conivência possível do procedimento clínico com a normatização do social. Em um artigo que coloca sobre essa questão importantes referências, Robert Stoller (1984) se interroga sobre as noções corolárias de normalidade e de perversão, uma e outra fora do campo da objetividade científica. Stoller tenta dissociar normalidade e lei. É assim conduzido a analisar o que as condutas "normais" – julgadas como tais por uma sociedade – podem comportar de destruição, de "desejo de fazer mal". Esse procedimento, que reverte a evidência da "normatividade", parece mais propício ao rigor e à cientificidade clínicos. Ela sozinha permite a relativização, sem a qual todo procedimento clínico corre o risco de se tornar a aplicação cega de uma norma.

O ESTUDO DE CASO:
DA ILUSTRAÇÃO À CONVICÇÃO[1]

por Claude Revault d'Allonnes

O estudo de caso, freqüentemente chamado também com alguma justeza "observação", é juntamente com a entrevista o mais antigo e o mais usual método utilizado nas "Ciências humanas clínicas" tanto no que concerne à prática quanto à pesquisa.

Pode-se dizer, para distingui-los, que "a observação" põe ênfase no olhar lançado sobre uma realidade e sobre o material recolhido, enquanto que o "estudo de caso" trata do interesse sobre o trabalho de análise e de apresentação do material referente a uma pessoa em situação de ser estudada.

A relativa confusão entre as duas denominações se explica pelo fato de que a observação, enquanto atitude, atenção, abertura, olhar, escuta, e enquanto método exercido em um dispositivo e com técnicas específicas, constitui a força do estudo de caso.

W. Huber (1987, p. 177), aproximando os dois termos, abre assim o capítulo que consagra a *O estudo de caso*:

"A observação aprofundada e prolongada de casos individuais é um método praticado há muito tempo em medicina e em história, uma visando descrever os sintomas e a evolução dos doentes e das doenças, a outra visando recolher fatos e organizá-los para deles fazer uma biografia. Em psicologia, a importância da observação aprofundada e prolongada de casos individuais tem sido reconhecida desde o início de sua fundação como ciência empírica e deve-se observar que a discussão de suas possibilidades e problemas volta a ser atual."

---
[1] Meus agradecimentos à Josiane Chanel por sua ajuda nos documentos.

O estudo de caso excede, no entanto, muitas vezes a observação, mesmo tomada em uma acepção ampla e diversificada, e integra dados provenientes de fontes diversas: elementos de arquivos médicos, administrativos ou sociais, testemunhos, resultados de testes ou de exames, dados da anamnese provenientes de entrevistas, de atendimentos ou de acompanhamento psicoterápico, fatores históricos, culturais, institucionais, etc.

POSSIBILIDADES

Se os grandes nomes da clínica permanecem associados a grandes estudos de caso muito conhecidos (Janet, Kraepelin, Freud, Piaget...), sob a pressão do recente desenvolvimento das ciências sociais, o estudo de caso é objeto de variadas possibilidades:

• **Psiquiátrica**: é seu emprego original e que ainda faz referência. Alimentado pelo que vê e ouve o psiquiatra durante suas entrevistas com o doente, o estudo de caso se apóia sobre a anamnese e prepara o diagnóstico. Seu objetivo é triplo: compreender, cuidar, formar.

Aparece claramente por exemplo nas intenções e na apresentação do manual de B. Samuel Lajeunesse e J.-D. Guelfi (1975), intitulado *Psicopatologia – estudos de casos* e cuja introdução precisa os objetivos, a utilidade, as ambigüidades e os limites.

"Essa obra compreende *trinta e seis observações* de pacientes hospitalizados durante os últimos vinte anos. Essa seleção tem como finalidade fornecer aos estudantes documentos que permitem uma primeira abordagem da psicopatologia.

Os *casos clínicos* apresentados foram escolhidos em função de seu valor pedagógico potencial. Não se trata de um leque completo das perturbações psíquicas. Quisemos principalmente dar uma visão tão ampla quanto possível da *semiologia psiquiátrica*. Não privilegiamos, portanto, nenhuma abordagem em particular. Uma plena liberdade é assim deixada àqueles que pensam poder reconstituir uma *trajetória psicodinâmica* diante de apenas um enunciado de uma história clínica. No entanto, *a ausência de tradução dos movimentos transferenciais* nas observações impõe a nossos olhos limites a esse procedimento" (o sublinhado é nosso).

• **Psicopatológica**: aqui o campo se amplia e se diversifica conforme as acepções muito diferentes de uma noção polissêmica, pois ele se estende do sofrimento e da angústia às disfunções variadas, às perturbações mentais, às doenças psicossomáticas. Exemplos de estudos de casos psicopatológicos são fornecidos em *Morte/nascimento e filiação* (Guyotat e col. 1980), ou pela leitura proposta por P. Fédida (1977, p. 69-84) e na qual ele utiliza o analisador da filiação

• **Psicanalítica**: "O homem dos lobos", "O homem dos ratos", estabelecidos a partir de material de curas analíticas, "O Presidente Schreber", a partir dos documentos escritos, são estudos de caso e monografias psicanalíticas magistrais. Diferentes por suas opções teóricas, as modalidades de sua indagação têm relação com o modelo original psiquiátrico. Retornaremos a esse tema.

• **Sociológica**: indo em direção aos estudos de situação, as trajetórias, as histórias de vida, como as introduzidas na França por D. Bertaux (1977) e retomadas por V. de Gaujelac, a propósito de "romance familiar e trajetória social" (1982), posição que integra condição social e perspectivas de classe (V. de Gaujelac, 1987)

• **Psicológica clínica**: o estudo de caso visa então destacar a lógica de uma história de vida singular, envolvida por situações complexas, necessitando de leituras em diferentes níveis e utilizando instrumentos conceituais adaptados. Decorre daí não ser essencialmente remetida à anamnese e ao diagnóstico e libertar-se das restrições de uma psicologia médica, ainda que permanecendo clínica e psicopatológica.

Assim há estudos de caso apresentados por M. Huguet, concernentes por exemplo à aceitação ou à intolerância das mulheres ao "conjunto habitacional" como aventura excepcional (1971, p. 120-128) ou o tédio como insatisfação de si mesmo ou do mundo (1987, Mr. U., p. 165-172). Por meio do estudo de fenômenos complexos, utilizam uma clínica aberta ao social, ou mais precisamente articulam "clínica do sujeito e clínica do social" (1987, p. 9).

Observemos que em todos os casos, trata-se de uma *construção* efetuada pelo profissional ou o pesquisador, a partir de elementos provenientes de uma ou várias fontes e destinada a ser comunicada para fins diversos.

Construção que deve essencialmente analisar as funções, os referentes, os processos, destacar e discutir o interesse, a validade, a confiabilidade. E isso guardando no espírito essa interrogação paradoxal:

Como um método seletivo, falho, fortemente orientado, mais ou menos aleatório em relação a algum de seus momentos em cada um de seus procedimentos detém uma tal força de convicção, e permanece soberano e ao mesmo tempo contestável e inconteste, tanto no plano da prática como de sua teorização? *De onde vem sua força de persuasão?*

FUNÇÕES

Esta espinhosa questão começa a se precisar quando se tenta organizar o quadro das funções do estudo de caso:

INFORMAR / FORMAR

Em um primeiro nível, visa informar/formar ao descrever pessoas às voltas com situações difíceis. Encontram-se aqui colocados todos os problemas da descrição e da transcrição: coleta de dados, constituição de documentos, escritos; evocação de uma realidade objetiva, ou produção de uma ilusão de realidade?

ILUSTRAR

Serve para ilustrar, pela referência a uma ou mais experiências vividas (uma "porção de vida"), um raciocínio clínico. É, sem dúvida, aqui que ele é o mais eficaz, senão o mais rigoroso (revelar fatos, apontar os fatos, extrair dos fatos...).

PROBLEMATIZAR. A QUESTÃO DA TEORIA

Serve para levantar e fundamentar hipóteses que têm relação com uma problemática e referentes explícitos e implícitos.

Encontra-se aqui colocada a questão da teoria e da maneira como ela funciona, de sua relação com a prática e com o material proveniente dessa prática. É preciso observar que muito freqüentemente o autor do estudo de caso pouco ou nada diz de seus referentes teóricos e que a teoria funciona freqüentemente no implícito, acumulando o estudo de caso de uma pesada carga de não-dito e aumentando o peso inevitável de desconhecimento.

Referentes teóricos implícitos, mas também ideológicos: sistemas de valor ou de referência "evidentes", funcionando como "bom senso" que cada um diz ser oposto ao conhecimento científico: "Uma verdade que se detém na ordem arbitrária daquele que a emite" (Barthes, 1957, p. 243). Modas tomadas por verdades, assim são os abusos que Chamboredon (1971), trabalhando sobre estudos de caso de jovens delinqüentes, denunciava sob o nome de vulgata psicanalítica ou psicológica, e que é uma violência contra o sujeito, impedindo muito rapidamente o trabalho do sentido.

A suspensão teórica, "silêncio das teorias", evocado por M. Foucault (1963) é indispensável para que se organize o *olhar clínico*, condição de aquisição de um saber: "ver doentes", recolher sinais, organizá-los em um quadro inteligível e comunicável.

Mas há olhares que nada dizem... "O olhar clínico tem essa propriedade paradoxal de ouvir uma linguagem no momento em que percebe um espetáculo". Por ter "subjacente uma lógica das operações" (ibid. p. 108-109), permite uma(s) leitura(s) ao mesmo tempo analítica e sintética do material levantado.

O referente teórico é, pois, inerente ao estudo de caso, seja ele único ou múltiplo, explícito ou não-dito; que tome a forma da *aplicação direta ou indireta* do saber teórico ao material clínico, com o risco inevitável de superposição e achatamento que uma tal utilização acarreta.

Que tenha uma *função heurística*, não mais ponto de partida obrigatório ou fechado, mas estimulador, oferecendo esclarecimentos, trazendo idéias, reapresentando hipóteses.

Que se estabeleça enfim entre o material e a teoria uma *relação de troca*, não se obtendo o sentido a partir de uma aplicação da teoria ao material, mas decorrendo de uma interação entre esses dois pólos.

W. Huber escreve (1987, p. 52):

"É essa relação de troca que prevalece provavelmente na constituição, desenvolvimento e vida de nossa disciplina. Um clínico confrontado com problemas práticos volta-se, cedo ou tarde, para uma ou várias disciplinas fundamentais na esperança de nelas encontrar resposta a algumas de suas indagações. A insuficiência da teoria para explicar ou resolver o problema dá lugar a remanejamentos da teoria que podem levar a modificações da prática cujos resultados por sua vez influenciam a teorização."

APOIAR, PROVAR? CONVENCER

O que se diz aqui sobre o procedimento clínico é ainda mais pertinente em relação ao estudo de caso. Ao utilizar a teoria de maneira heurística ou ao fazê-la evoluir por uma constante oscilação entre o material e a reflexão, ela se mostra como método particularmente criativo: descreve, ilustra, certamente mas também investiga, sugere, suscita, reforça, mostra, demonstra. Prova? Não fica evidente. A. Green, comentando o trabalho de Bettelheim (Bettelheim, 1971, p. 218), escreve:

"Os exemplos dados por B. Bettelheim têm as virtudes e os limites de todos os materiais clínicos; seu valor ilustrativo não é posto em dúvida. É **seu valor probatório** que é muito mais duvidoso" (o sublinhado é nosso).

Não poderíamos expressar melhor ... E é uma crítica que os "cientistas" (os experimentalistas?) dirigem constantemente ao estudo de caso.

Seria sua função provar? O clínico inigualável que é Winnicott defende-se vivamente dessa acusação sempre que apresenta um estudo de caso de maneira pormenorizada: "Deve-se reconhecer que nada tentei provar" (Winnicott, 1982, p. 14). Apoiado em sua experiência clínica, e em referentes teóricos que freqüentemente assinala (sua teoria psicanalítica do desenvolvimento da criança, p. 8), ele deseja mostrar o que pode ser visto, compreendido, dito, feito; o que fez e com quais efeitos. E sobretudo nada a mais e nada diferente.

Então ilustrar, mostrar (demonstrar), vá lá. Provar? Mas convencer, certamente que sim. A adesão é mais freqüentemente obtida pela persuasão do que pela prova ... Questão que deve ter seqüência.

ENUNCIADO, IMPLICAÇÃO

Um elemento suplementar nos é trazido quando, relacionando um grande número de estudos de caso, estudamos como são introduzidos, apresentados, comentados – abstendo-nos de analisar com mais profundidade em um segundo momento os processos de construção.

ENUNCIAR

Alguns, e são muito numerosos, apresentam o material como *um dado bruto, objetivo*, uma fatia conhecida da realidade – sem considerar o quadro institucional, o dispositivo metodológico, as condições de produção e de enunciado, sem indagar sobre os excessos e as faltas, os fenômenos de relação e de transferência. Eis aí o material – ele fala, isso fala. Para dizer o quê? Talvez não o que o autor deduz, sobretudo se o material é indagado de forma diferente, em seus excessos, mas também em suas faltas, suas zonas de sombra, de ignorância. Assim ocorre, vimos nas "observações" apresentadas por Samuel-Lajeunesse e Guelfi (1975). Assim ocorre no caso tão espantoso de Mme. A. em Guyotat e col. (1980, p. 136-137).

ENUNCIAR E SITUAR

Os outros não ignoram nem o quadro, nem o dispositivo, nem as condições do enunciado, que são situadas e situantes, sem que seja seguido passo a passo o fio vermelho da implicação, ou sobretudo *sem que se tornem acessíveis, compreensíveis, os processos* utilizados na relação com o paciente, *e as relações* com os níveis somáticos, de relação, social, intrapsíquico – em parte em razão de inevitáveis resumos da apresentação (voltaremos a isso), em parte, sobretudo talvez, porque esses processos permanecem obscuros, misteriosos.

Decorre então que muito freqüentemente, mesmo entre grandes autores, tem-se a impressão de um golpe de varinha mágica, ou de um coelho tirado de uma cartola. Uma criança, em um dos interessantes estudos de casais, de pais por IAD, apresentados por A. Janaud e G. de Parseval, cuja conclusão é a seguinte:

> "Sendo esse, apesar desse acordo de funcionamento, seu desejo comum e a circulação fantasmática induzida pelas influências deu seus frutos: dois meses após, a Senhora F. estava grávida." (1981, p. 1170).

Impressão também sentida em certos casos de F. Dolto [(o caso de Dominique por exemplo, que foi motivo de controvérsia (Dolto, 1971)], ou mesmo em certos casos de Winnicott (1982): tudo parece claro, simples, fácil enquanto a realidade de um encaminhamento terápico é cheia de imprevistos, truncada, hesitante, contraditória, tanto do lado do paciente quanto do terapeuta ... Podemos considerar um caso com pouco progresso, o vazio, o atolamento, o tédio, como fracasso eventual da compreensão ou da relação?

Lê-se com interesse o artigo "Percepção e compreensão clínicas em Psicologia: instrumentalidade e conceitos" de P. Fédida (1968, retomado em 1977) e notadamente a análise crítica radical que ele fornece de um estudo de caso em que, segundo ele:

> "A alienação que o conceito psicológico institui é sem dúvida a pior violência que se pode fazer contra uma existência e, sob a aparência de um novo humanismo, não há pior perigo do que aquele apresentado em nossa cultura, que é pensar psicologicamente?" (1977, p. 247).

ELABORAR OS PROCESSOS COMPLEXOS, LER EM VÁRIOS NÍVEIS

Outros enfim precisam, avaliam e reavaliam constantemente o quadro e o dispositivo, acompanham e estimam o impacto dos diferentes elementos da situação; elementos exteriores ao dispositivo e interiores a ele, principalmente os fenômenos transferenciais e contratransferenciais, seus imprevistos, sua evolução, seus efeitos positivos e negativos, inibindo e facilitando a mudança.

São freqüentemente estudos de caso a partir do material de psicoterapias: citemos dois exemplos particularmente esclarecedores desse procedimento: o caso de Mme. Oggi, relatado por R. Kaspi em R. Kaës e col. (1979, p. 147-183) e o da jovem em "Du vide plein la tête" de M. Khan (1982, p. 161-198), mas não apenas a partir do material de cura, psicanalítica ou outras, mais ou menos ortodoxas (e as mais interessantes não são as mais ortodoxas).

A de M. Khan não é "ortodoxa", ainda que muito próxima às posições teóricas e práticas de Winnicott, no sentido que coloca como condição para entrar em terapia um quadro de vida organizado por ele para sua paciente: presença nas refeições em família, aulas com professores e em um ritmo escolhido pelo terapeuta, apoio explícito na mãe e na analista anterior da jovem, etc. Um meio estruturado é, pois, muito importante. É concebido como um quadro e um continente, sem o qual o trabalho da terapia seria ineficaz e mesmo impossível.

É uma outra concepção do social, ou mais precisamente das relações entre o social e a subjetividade, utilizadas por M. Huguet em seus estudos de caso: mais do que como quadro ou continente, é pela noção de "estrutura de solicitação" que dela retira a dinâmica em situações nas quais são expressas formas, difíceis de serem captadas e tratadas, da angústia de viver: conjuntos habitacionais (1972), modalidades diversas do tédio (1987), alcoolismo (1987).

> "A noção visa mostrar aquilo que em um dado contexto social determina as modalidades segundo as quais o sujeito, a partir de sua própria história, entra em relação com seu meio" (1983, p. 514).

Ainda que respeitando os níveis de explicação psicológica e psicopatológica, evita o risco de "psicologização": os afetos são articulados com as representações sociais; o peso do histórico e do político, a intensidade afetiva ligada aos mitos e à ideologias, são presos à obra no trabalho da subjetividade, da interioridade.

Assim, falar – com justiça – de "fraqueza narcísica" e de "escolha de sintoma" não basta para compreender a impossibilidade de se separar do álcool de Mme. K (1987, p. 172-176) em sua busca de identidade na qual o tédio toma a posição de um delírio no vazio e de um apelo a um "além" indeterminado.

O diagnóstico de depressão não é suficiente para explicar o sofrimento de M. U (1987, p. 165-172), eternamente à procura de uma identidade social que esvai e cuja falta o leva a vacilar quanto à sua identidade psíquica: ele se defende com uma identidade rígida, que não era a sua, apegada aos estereótipos sociais, ao mesmo tempo que se defende pela busca de um modelo, de uma fusão salvadora.

Os sofrimentos exprimidos por Mme. K e M. U, "não são apenas uma encenação de sua própria precariedade, mas porta-voz daquela existente no mundo" (*ibid.*, p. 178).

Tal ponto de vista permite uma dupla leitura psicológica e sociológica dos estudos de caso nos quais o sujeito é visto "como ator, protagonista da estrutura de solicitação e paciente naquilo que sente como efeito subjetivo" (p. 514), ao mesmo tempo que oferece esclarecimentos novos a seu tratamento terapêutico.

ESTUDO DE CASO E ENCONTROS CLÍNICOS

Esses estudos de caso caracterizam-se por um tempo e um lugar dados ao outro para se exprimir (o que nem sempre é possível quando se trabalha a partir de uma única entrevista), pela atenção meticulosa dispensada às situações em sua complexidade, a todos os níveis, a seus efeitos e ao nosso envolvimento (um aspecto muitas vezes negligenciado) – o fio vermelho dos fenômenos transferenciais e sobretudo contratransferenciais (este segundo ponto tem sido freqüentemente deixado de lado). E pela solidez e abertura da experiência clínica e dos apoios teóricos. Essa *abertura* é provavelmente o ponto central, que permite ao mesmo tempo um trabalho vivo e criativo, levado ao máximo de suas possibilidades e conhecendo seus limites.

Justificam perfeitamente serem chamados de "Encontros clínicos" que Masud Khan propõe para substituir Estudo de caso (1982, p.182), por implicarem, em um trabalho a longo prazo, não apenas o sujeito e o autor do estudo de caso, o meio humano e físico, mas também os leitores (profissionais, pesquisadores, psicólogos ou psicoterapeutas em formação) para os quais eles existem e aos quais são destinadas, enfim a comunidade sem a qual não há circulação do sentido, de reconhecimento.

OS PROCESSOS DE CONSTRUÇÃO

O trabalho da teoria, sob as diferentes formas evocadas, é portanto essencial, organizando e estruturando o material, por um processo de troca e de mútua sustentação.

Mas outros processos estão ao mesmo tempo em ação na construção do estudo de caso:

LIMITAÇÃO

Uma limitação acontece *de facto*, em função das possibilidades e dos limites da situação: mulher que vem consultar quando em contracepção ou em interrupção voluntária de gravidez, entrevista de admissão em um Centro de jovens em dificuldade, interrupção de uma relação terapêutica... Essa limitação e seus efeitos devem ser considerados como um primeiro dado de todo estudo de caso. Dificilmente se pode admitir que se fundamente em um material, uma elaboração e uma interpretação que o superem.

SELEÇÃO

Uma seleção opera-se em diferentes níveis: seleção pelo olhar. Não se pode pretender tudo ver. O olhar e a percepção clínica supõem, propõem já uma leitura, como já vimos. Seleção pelo dispositivo, que condiciona, canaliza, pré-estrutura o material. Seleção pela problemática teórica, que contribui para o sentido, mas exerce também sua violência, violência do conceito, violência da interpretação.

Não apenas pelo fato do paciente poder aí se reconhecer, mesmo que se imagine defender-se por intermédio da algumas mudanças "pequenas": o nome, o lugar, as circunstâncias, etc. (até onde? não se pode fazê-lo sem ao mesmo colocar a questão).

De um "belo caso" afinal pode-se também retirar um orgulho legítimo, ainda que ele não envolva certa ambigüidade (o Presidente Schreber, o homem dos ratos, mostra a importância). Não apenas por se tratar da revelação – transgressão de uma história íntima, de uma aventura relacional. Mas justamente por se tratar da imposição do sentido, de um sentido ao qual nada no sujeito pode fazer oposição ou resistência.

NATURALIZAÇÃO

Pois o que ele encontra dele não é ele, ou é ele mesmo empalhado, "naturalizado": tudo é, pode ser sintoma, fazer sentido sem ele e no máximo contra ele. Por um processo de naturalização, marcado de ideologismo, que faz desaparecer o real em benefício de uma metalinguagem, é ele objeto de uma retórica, construída pelo estudo de caso (Barthes, 1957 e 1964).

DO DESCONTÍNUO AO CONTÍNUO

O risco se vê aumentado pelo processo de passagem do descontínuo ao contínuo. Os elementos reunidos, e entre eles aqueles que serão conservados como significativos, são por definição incompletos. Os buracos, as lacunas, as faltas, em qualquer nível que se situem, nos fatos, nas informações, na grade de observação ou de leitura, têm sua importância. Ora, eles não são na maior parte do tempo nem destacados e assinalados nem considerados. Não apenas não nos detemos neles, mas passamos por cima: a partir de elementos descontínuos, uma história é reconstituída, um perfil destacado, uma patologia identificada, um diagnóstico colocado, uma personalidade descrita.

Além de não termos garantia de raciocinar com exatidão sobre uma "realidade" fragmentada ou lacunar – e isso tanto menos quanto se negligencia os buracos – não se funciona aqui em uma *ilusão de transparência*, não se mantém, qualquer que seja o tipo de correspondência, de mediação, de passagem que se admite da conduta ao sentido, da parte ao todo, do descontínuo ao contínuo?

REDUÇÃO

Sendo todo estudo de caso uma apresentação, forçosamente aí se pratica a redução.

Ele é inevitável em todo trabalho de pesquisa, em toda tentativa de explicação científica, da qual é uma passagem obrigatória. Mais difícil talvez na pesquisa clínica e mais ainda no estudo de caso, no qual corre o risco de uma *perda irreparável:* a riqueza, a singularidade irredutível do "vivido" à custa de sua estruturação por uma problemática e uma metodologia.

E a perda?

Trata-se verdadeiramente de perda? Levi-Strauss lembra-nos pertinentemente (1962, p. 295) de que "a explicação científica não consiste na passagem da complexidade à simplicidade, mas na substituição de uma complexidade melhor inteligível para uma outra que é menos inteligível" e que a virtude intrínseca daquilo que chama "o modelo reduzido" é que "ele compensa a renúncia a dimensões sensíveis pela aquisição de dimensões inteligíveis" (p.39).

Porém, mais precisamente, "que virtude se liga à redução, seja ela de escala ou que afete as propriedades? Ela resulta, parece, em uma espécie de reversão do processo do conhecimento" (*ibid.* p. 38-39): o objeto, em virtude de sua simplificação, ou de sua venturosa ilusão, pode ser captado mais facilmente em sua globalidade, de um só olhar; o conhecimento do todo, então, pode preceder o das partes. A própria artificialidade da construção permite compreender como o objeto é feito e como funciona. Além de que como em toda "bricolagem" – e sabemos que para Levi-Strauss a noção é desprovida de toda conotação pejorativa – todo problema comporta sempre várias soluções, temos ao mesmo tempo a solução particular oferecida ao olhar do espectador e uma abertura sobre todas as outras modalidades possíveis de solução.

O processo de redução ao trabalho no estudo de caso não é, pois, simples nem sem risco.

Redução no tempo e no espaço: várias entrevistas de uma hora e meia, numerosos meses de psicoterapia, em uma exposição de 45 minutos, em algumas páginas de um artigo...

O TRABALHO DA ESCRITA

Trabalho de síntese, de expressão e de transmissão à obra nos processos da escrita: do "objetivo" ressaltado (prontuário médico, ficha administrativa) ao "relato de reunião de síntese", da escrita de escriba à leitura psicológica ou psicanalítica ... e a seus imprevistos: "No mês de fevereiro, vemos o Édipo de Isabelle evoluir" assinala Cl. Prévost em uma tese (1985, p. 30). Ora, o que se vê são condutas, das quais se infere um sentido, por referência a uma teoria. Como legitimar um tal salto? E mais, se são indispensáveis os saltos, quais são legítimos e em quais condições?

Da escrita de empreitada da pesquisa à criação literária, que consegue comunicar, de um só élan ou por sucessivos patamares, o essencial de um encontro clínico. E muitas vezes dois momentos, aos quais correspondem duas escritas, são necessários: um (ou uns) estudo(s) de caso, e um filme (pesquisa sobre as representações da desvantagem, A. Giami, C. Piquet, M. F. Berthier e o filme *O olhar quebrado*, 1988).

"Psicanálise de uma entrevista" única, gravada em público durante uma consulta psiquiátrica por J. L. Donnet e A. Green (1973), levando ao retorno do projeto inicial, e oferecendo um exercício raramente tentado, uma reflexão instrutiva sobre os imprevistos metodológicos e teóricos de uma tal tentativa de psicanálise aplicada, assim como a proposição de um novo conceito, o de psicose branca.

Ou uma relação científica de pesquisa (J. Favre-Saada, 1977) e a partir dos "buracos" neste tipo de discurso (estupefação, silêncios, inibições, angústias, "êxtases", deslizes, mudanças de posição ...) em resumo, de sua inadequação em "tornar" a verdade e a evolução de uma situação que implica também profundamente o pesquisador, transmissão da face habitualmente oculta de uma experiência de outra forma indizível (J. Favret-Saada, etnólogo, com a ajuda de J. Contreras, psicanalista, 1981).

Aí duplamente se experimenta e se contorna os limites da inevitável contração...

Verdade e ilusão do "vivido"

A análise dos processos de construção torna mais pertinente, mais viva a questão apresentada no início: com tantos imprevistos metodológicos e teóricos, de onde vem a força do estudo de caso, notadamente sua força de persuasão? Uma resposta se impõe: de sua *referência evidente à experiência pessoal, ao "vivido"*.

Pois ainda que trabalhemos com vários estudos de caso, estabelecendo comparações longitudinais, efetuando cortes transversais, destacando tramas comuns sobre um fundo de singularidades, à luz de teorias explícitas ou implícitas da personalidade ou do sujeito, é sempre a essa evidência que remetemos.

A FORÇA PERSUASIVA DO ESTUDO DE CASO

J.-P. Leyens, em um capítulo com título revelador: "Um exemplo vale mais do que dez provas estatísticas" indaga a respeito da força persuasiva do estudo de caso (1983, p. 194-202). Ele demonstra, retomando diversas experiências, a pregnância do concreto diante da despersonalização das estatísticas. "A experiência de um 'outro' e, sobretudo, 'a nossa' é mais cativante, nós podemos tocá-la com os dedos, ela não pode mentir, não contém contradição, já que é única; ela é portanto 'a verdade'" (p. 194). Não estando sujeita à contradição ou exceção, sua explicação seria ainda mais fácil (p. 200).

Ele insiste na força persuasiva do testemunho direto de pessoas em situação, no poder que tem de atestar uma realidade, de colocá-la em destaque, de ampliá-la, em um processo análogo àqueles provocados pelos acontecimentos banais: força ilustrativa, exagero, pregnância da atenção, remanência da lembrança, etc.

Ele observa, sem mostrar surpresa, e não sem ironia, que os psicólogos são particularmente ávidos dos estudos de caso. "É aliás um de seus métodos pedagógicos prediletos e, se querem influenciar seus estudantes, eles estão certos já que este método é muito persuasivo" (p. 196).

DO SINGULAR AO GERAL

Ele, no entanto, apresenta a esse respeito dois problemas importantes: o risco de "basear toda uma teoria sobre um estudo de caso"; trata-se então, segundo ele, mais de "uma estratégia de conservação de uma teoria implícita da personalidade" do que de uma teoria científica (mas qual é a posição de uma teoria científica, fora do campo das ciências exatas, naquele de uma "ciência empírica" (W. Huber, 1978), ou mais modestamente, de uma tentativa de conhecimento empenhada em maior rigor, em seu próprio rigor, isto é, de uma tentativa também ela científica?). E o risco, freqüentemente tomado sem outra forma de processo, de passar do particular para o geral: "Basta exprimir em termos elegantes ou herméticos, segundo os escritores, um episódio da vida de uma pessoa para disso refazer a história da humanidade?" (p. 196).

Trata-se aqui de uma proposta caricatural, pois nenhum estudo de caso pretende fazer história da natureza humana. Mas, em compensação, a partir de elementos colhidos em uma ou várias histórias singulares, não visa apenas destacar o sentido de cada um deles como também *os processos e suas variações*, acionados em diferentes pessoas ou categorias de pessoas colocadas em situações particulares (Pesquisas sobre a categorização em crianças autistas, R. Perron; sobre os efeitos do fechar-se em si mesmo dos monges e prisioneiros políticos, A. Escobar; sobre o suicídio reativo dos jovens, S. Olindo-Weber.; Sobre os processos psicoterápicos, M. Pagès; sobre a parentalidade, C. Revault d'Allonnes, etc.).

Alguns dirigem o interesse sobre a singularidade da pessoa; outros, ou os mesmos em diversos momentos de seu procedimento, sobre o estudo dos processos; outrem, enfim, assumem o risco de destacar modelos de funcionamento.

É a este título que o estudo de caso, a partir da experiência pessoal, do vivido, pode legitimamente aspirar a uma forma limitada e controlada de generalização.

CONTRADIÇÕES, AMBIGÜIDADES, RIQUEZA DA NOÇÃO DO VIVIDO

Mas é preciso ir mais adiante e nos perguntar primeiro: o que é "o vivido" de alguém? É ele compreensível, transmissível e a que preço? Pois " O inteligível é considerado antipático ao vivido", escreve R. Barthes (1964, p. 40)

E, no entanto, ele passa, ele transmite alguma coisa. De tal forma que mais do que o termo francês de *"nature morte"* que deveria descrever o estudo de caso se dele se mede os restos de sua construção: seleção, passagem do descontínuo ao contínuo, contração, naturalização, saltos de todos os tipos ... é seu homólogo inglês *"still living"* que melhor convém. E é daí que ele tira sua força de convicção: *O estar-aí do vivido, sua patente evidência.* "Isto fere os olhos". Os olhos, o olhar (clínico). O olhar-saber sobre a face oculta, protegida do outro, aquele de Édipo e de Tirésias ...

Fazer um estudo de caso é se colocar, estar em posição de *voyeur*, de "voyeur científico", certamente. Tentar, tomar uma posição de saber, de poder, e assumir os riscos ou deles se esquivar...

Há também a atração, o fascínio da sedução; aquela, com certeza, ambígua, do acontecimento banal, da "fatia de vida". Mas, sobretudo, aquela do outro, de um outro em dificuldade, em sofrimento, em perigo, que deve ser compreendido, ajudado. Há movimentos identificatórios, não necessariamente em relação ao outro, mas a alguma coisa do outro, no outro que é Eu, e não-Eu.

Empatia, mas também conivência, piscar de olhos, alegria, vertigem, horror talvez ... Como compreender sem isso a atração e a força persuasiva do estudo de caso, que não se limitam apenas aos aspectos os mais rigorosos e os mais valorizados de suas tentativas de controle?

Nós nos aproximamos aqui das raízes perturbadoras do irrepreensível desejo de conhecer o outro/si-mesmo, os planos de fundo do conhecimento científico. Sua consideração faz parte integrante do trabalho de conhecimento e de formação clínicos.

É o que bem mostra *Conversações sobre casos clínicos* (1983, p. 53-58). Cinco pacientes testemunham a utilidade e as dificuldades levantadas em diferentes níveis pela exposição do caso: ausência de afastamento e desconhecimento das referências estruturais, distância difícil de reduzir entre teoria e clínica, revelação do secreto e perigo do disfarce, mas, também, e sobretudo, risco de delirar com/sobre o paciente e, desse modo, de afastar o auditor; necessidade do inter-controle do grupo, mas então risco de mal-entendidos, de discordância na comunhão-comunidade científica; desejo inconsciente de escrever sobre um caso ou de apresentá-lo, e o prazer (suspeito?) que se pode sentir, suas ligações com a transferência e a contratransferência...

Pelo estudo de caso, lições e armadilhas do vivido, um vivido reconstruído, vivido do outro visto pelo Eu-mesmo, isto é, vivido de pessoa ou aquele de um entre duas pessoas. Irresistível entre dois...

ENTRE REALIDADE, VERDADE E CONVICÇÃO: O TRABALHO DA DÚVIDA

Na verdade, refletir sobre o estudo de caso é, afinal, ter de indagar sobre a questão da posição *situação da realidade e da verdade e de suas relações com a persuasão e a convicção*. Um exame dessas noções e dos procedimentos decorrentes mostra que elas não são tão heterogêneas nem tão dispersas como parecem.

Em busca da verdade em *O homem dos lobos, extrato da história de uma neurose infantil* (1918; 1954), Freud procura antes de mais nada "convencer os analistas ameaçados de serem convencidos por Jung, ele mesmo se encoraja com sua demonstração, e o paciente no próprio processo de sua cura" (R. Perron, *Otez-moi d'un doute*, 1982, p. 936-952). Ele se empenha e deplora não conseguir ou de fazê-lo tão lentamente e com tantos percalços.

R. Perron mostra como a dificuldade provém de uma *dupla restrição*: a que cerca todo esforço de construção teórica. "Por definição, o pensador é povoado de incertezas que ele se esforça em reduzir, tanto mais quanto sua ambição teórica é mais vasta" (e a questão aqui é, primeiro, a das relações entre realidade e fantasia, entre realidade exterior e realidade psíquica...).

E também aquela que decorre da cura de S. P. cuja dúvida obsessiva, marcada de culpa, é o aspecto mais importante do funcionamento psíquico, e que, sob a aparência de uma demanda tenta estender uma armadilha à outra. Freud teve de superar as incertezas de S. P. enfrentando as incertezas de seu próprio pensamento.

Isto não pode ser feito "sem enfrentar os retornos oscilatórios da dúvida e da convicção no jogo da transferência e da contratransferência. S. P. desafia Freud a curá-lo e convencê-lo primeiro de que tem esse poder. Quanto a Freud, deseja que essa cura lhe dê o material clínico de que tem necessidade para a consolidação definitiva de seu pensamento. Mas, como pesquisador escrupuloso, ele multiplica as contraprovas; daí o retorno da dúvida em um e outro" (ibid. p.938).

Retorno que R. Perron analisa cuidadosamente, no vaivém entre crença, dúvida, incredulidade, persuasão, sugestão, convicção; entre um paciente que lhe reitera constantemente sua primeira demanda "Livre-me de uma dúvida" e um Freud "ao mesmo tempo dominado pela dúvida que promove as revoluções científicas" (p. 946).

Freud tomará por verdadeiro (provisoriamente) o que terá convencido e o terá convencido.

No difícil trabalho do estudo de caso, *é a dúvida que é o método de pesquisa,* a garantia da honestidade, da abertura, da confiabilidade de um procedimento que, sem ela, poderia ser um castelo de cartas, ou pior, carta marcada.

Entre investigar, ilustrar, mostrar, demonstrar, sugerir, persuadir, convencer-se, convencer o outro (paciente, aquele que intervém ou pesquisador), o método do estudo de caso, apesar de seus imprevistos e por causa deles, reina.

Pois, se ele pode ser uma empreitada de má-fé ou de pouca fé, uma "montagem" ilusória quando todas as asserções são dadas como provas, é bem *o procedimento clínico em vias de se fazer, o pensamento clínico em vias de se construir.*

Mas somente sob algumas condições: se tal empreitada descreve o quadro e o dispositivo e precisa as condições da observação e do enunciado; apóia-se sobre um material suficiente; faz, em relação a ele, funcionar a teorização da maneira aberta como uma ficção criativa e não como um dogma; e se as forças vivas do entusiasmo e do fervor clínicos são temperadas pela prática da dúvida metódica e por uma atenção constante dirigida sobre o jogo dos fenômenos transferenciais.

A ENTREVISTA:
A "CO-CONSTRUÇÃO" DO SENTIDO

Por Alain Blanchet

Se encontramos obras de formação ou de reflexão sobre a prática da entrevista clínica (Chiland, 1983), há poucos estudos empíricos que tratam do próprio dispositivo; este último parece ter sido freqüentemente associado a uma deontologia do segredo absoluto ao qual temos por vezes atribuído uma função terapêutica. Isso explica que a entrevista clínica tenha permanecido por algum tempo protegida por estudos sistemáticos desprovidos dos *corpus* constituídos, isto é, dos registros integrais das entrevistas.

A entrevista clínica é certamente o paradigma do trabalho do psicólogo clínico, ao mesmo tempo instrumento de diagnóstico e de terapia, envolvendo uma situação na qual o profissional se encontra simultâneamente atuando e atuado. A prática da entrevista clínica é complexa:

- ela compreende funções diversas (diagnóstico, manutenção, terapia) associados ou não,
- ela integra atuações do clínico de diferentes naturezas (facilitação da produção discursiva do paciente, inferência diagnóstica e terapêutica, atuações terapêuticas),
- ela é subsidiada por uma teoria eficiente e pela experiência do clínico, referência e sistema de conhecimento não inteiramente explicitáveis.

Primeiramente, toda definição um tanto precisa da entrevista clínica torna-se difícil pela densidade dos parâmetros que intervêm nessa situação.

É, no entanto, útil situar a prática da entrevista no contexto geral da clínica.

Definições

Entrevista clínica / entrevista de pesquisa

A prática profissional da entrevista (entrevista, consultas) é, em grande parte, decorrente da experiência da psicologia clínica e da experiência da pesquisa social; ela é fruto de uma interpenetração constante destas influências.

Pode-se definir a clínica como um conjunto de conhecimentos e de práticas profissionais que respondem a uma demanda de saber e de tratamento de um paciente, sobre ele mesmo.

Para tal, a clínica que, na origem, designa a atividade de diagnóstico e de cuidado de um terapeuta junto a seu paciente, constrói de fato um quadro inter-relacional cujo modelo de base é a entrevista.

A enquete social define-se mais simplesmente como uma atividade de pesquisa e produção de informação. A entrevista de pesquisa é um instrumento da enquete. É um dispositivo pelo qual uma pessoa *A* favorece a produção de um discurso de uma pessoa *B* para obter informações inscritas na biografia de *B* (Labov & Fanshel, 1977).

A entrevista clínica será, pois, como um dispositivo pelo qual uma pessoa *A*, respondendo profissionalmente a uma demanda de ajuda com relação a uma pessoa *B*, favorece a produção de um discurso de *B* para obter informações e agir sobre a problemática subjetiva de *B*.

A entrevista clínica aproxima-se de uma entrevista cujos objetivos não seriam apenas obter informações, mas criar o quadro necessário[1] para que esta informação possa ser devolvida e elaborada pelo paciente.

A noção de subjetividade é necessariamente vaga, remete ao mesmo tempo à biografia do paciente e ao mundo de seus pensamentos (sentimentos, opiniões, desejos, sonhos, etc.), mas o termo assinala bem a

---

[1] Que geralmente é chamada de "prise en charge".

característica "auto-referencial" do discurso produzido por *B* e interpretado por *A*; característica que marcará a dinâmica tão particular das trocas entre *A* e *B* na entrevista clínica. O que não será o caso na entrevista de pesquisa que, como dissemos, se inscreve mais geralmente naquilo que chamamos as práticas da enquete social. Por esta razão, a entrevista de pesquisa responde a uma demanda institucional e visa a informações sobre um tema definido no quadro de uma pesquisa.

Mesmo que haja possibilidades reais de "deslizamento" de uma para a outra (C. Revault d'Allonnes, 1985), a distinção fundamental da entrevista clínica e da pesquisa já foi evocada (Blanchet, 1987). Essa distinção não diz respeito à aparência das trocas, mas a processos de interações de diferentes ordens, desde que um quadro dado ou contrato de comunicação (Ghiglione, 1986) situe a entrevista seja na enquete seja na clínica.

OS ATOS DA ENTREVISTA CLÍNICA

O processo de tratamento psicológico na entrevista clínica implica três atos distintos: o diagnóstico, a manutenção e a intervenção.

Esses atos são, na verdade, de tal forma encaixados que o último pressupõe o segundo que pressupõe o primeiro. O conjunto das ações necessita de uma coerência interna que é dada pela teoria eficiente de referência[2].

Podemos portanto distinguir três tipos de entrevistas clínicas que são cada uma o desenvolvimento particular desses três momentos.

A entrevista clínica de diagnóstico é essencialmente constituída por uma exploração da problemática subjetiva do paciente segundo um dado guia de inferência. (Por exemplo: DSM3 para entrevista clínica psiquiátrica[3], homeostase do sistema familiar para

---

[2] Uma teoria eficiente valida uma experiência, uma teoria científica é validada pela experiência.
[3] O DSM3 é um manual de referências com visão unificadora que propõe uma classificação geral das doenças mentais e de seus sintomas.

entrevista clínica sistêmica[4], inscrição no universo cultural de referência e acontecimentos migratórios para uma entrevista clínica etnopsiquiátrica[5], etc.).

A entrevista clínica de manutenção é essencialmente constituída pela função de diagnóstico e pela função de proteção do clínico que permite um certo relaxamento da tensão psíquica e favorece a expressão do problema.

A entrevista clínica de intervenção ou terapia propriamente dita é constituída pela função de diagnóstico, de manutenção e de tratamento do clínico que, por um remanejamento dos modos de pensamento e dos comportamentos do paciente, visa ao encerramento dos sintomas e da necessidade de terapia.

A EFICÁCIA TERAPÊUTICA

Dentro do dispositivo de diálogo, os interlocutores participam com maior ou menor eficácia da ação terapêutica. Quaisquer que sejam as precauções de utilização com respeito a não empregar o termo cura quando se trata de patologia mental, o projeto global da ação terapêutica é a melhora da situação psíquica do paciente.

A entrevista clínica é construída em torno de um projeto geral de melhora da situação psíquica do paciente, necessariamente baseado em uma representação (implícita ou explícita) do aparelho psíquico, de suas disfunções, e mesmo das eventuais causas de suas patologias. Correlativamente, uma idéia geral dos meios (ou eficácia terapêutica), permitindo melhorar a situação do paciente, está presente em todo projeto de entrevista clínica.

---

[4] O sistemismo fundado por Bateson levanta a hipótese de que certas afecções mentais têm como função manter um certo equilíbrio familiar patológico.

[5] A etnopsiquiatria pressupõe uma relação entre as situações de ruptura cultural e certas patologias mentais.

PSIQUISMO E DISCURSO

A eficácia terapêutica na entrevista clínica é, em geral, baseada em um princípio simples: a estrutura do substrato psíquico é coextensiva ao do discurso. Isto quer dizer que o discurso, linguagem em ação em um momento de comunicação, é constitutivo dos modos de funcionamento do pensamento que eles mesmos subentendem os mecanismos de compreensão e de produção do discurso.

O discurso é uma estrutura organizada segundo regras de coerência e de hierarquia que permitem a associação em um conjunto significante de seus diferentes elementos constitutivos (fonemas, sílabas, palavras, proposições, enunciados, atos, visão sobre o auditório, etc.). Essas associações semânticas são de dois tipos: as associações de natureza paradigmática (relativas às propriedades dos referentes) e sintagmáticas (relativas aos contextos discursivos). Todo discurso funciona segundo essas leis de associação que pressupõem um substrato psíquico organizado no qual se elabora o projeto verbal.

A hipótese mais verossímil consiste em supor que o substrato psíquico que memoriza representações associadas segundo certas regras deve ter uma estrutura necessariamente compatível com a do discurso. Se os princípios do funcionamento do psiquismo repousam sobre esta hipótese, os princípios de sua disfunção podem ser deduzidos da mesma hipótese: toda disfunção corresponderia a uma desorganização do substrato (por exemplo, depois de uma alteração dos planos programáticos do discurso – esquizofrenia (Hoffman, 1987) – ou a processos de dissociação das representações memorizadas – neurose (Freud, 1950).

Haveria, portanto, na origem da disfunção psíquica alterações do substrato psíquico; alterações que podem dizer respeito ou às regras da construção discursiva ou a certos elementos dessa construção e daí gerar sintomatologias mais ou menos graves ou acessíveis à terapia "pelo verbo".

A eficácia terapêutica consiste, portanto, em "reorganizar aquém da estrutura de superfície" (Levi-Strauss, 1958) o sistema de representação do paciente por uma "cura de discurso", suscetível de induzir uma coerência estrutural no substrato psíquico.

FRAGMENTAÇÃO DO PSIQUISMO

As práticas podem ser várias, centradas diretamente nas representações e atos do discurso (psicanálise), nas lógicas do discurso (sistemismo) ou nos objetos do discurso (marabutismo[6]). Todas tendem a restituir uma ordem das coisas e do mundo acessível à problemática subjetiva do paciente, suscetível de remanejar seu substrato psíquico.

A patologia mental está na verdade, para a maior parte dos profissionais, ligada a uma desorganização das estruturas associativas do pensamento.

Freud (*op. cit.*) atribuía ao recalque uma parte importante na constituição dos sintomas. O recalque constitui para o sujeito "uma tentativa de fuga", de fugir de um conflito psíquico por uma "repressão imediata" de uma representação e de sua carga pulsional (ou excitação) que se tornou intolerável.

A atividade psíquica do paciente transforma-se em obstáculo a toda associação semântica entre a representação reprimida e os outros elementos de seu mundo de conhecimentos e crenças.

Contrariamente, a excitação, associada primitivamente à representação reprimida, busca um modo de satisfação substitutivo, por derivações não "semantizadas", fazendo intervir associações de formas ou deslizes. Por exemplo:

– associações acústicas (deslize do referente "canto" à "campo");
– associações icônicas (deslize do referente "campo" à "inclinação");

---

[6] Marabuto = eremita (N.T.)

– associações lógicas atípicas (Bateson, 1980) ("os homens morrem, a grama morre, os homens são grama"),
– etc.

Esses deslizes referenciais regem a dinâmica do funcionamento do sonho; o que explica a aparente falta de senso do sonho.

Todos esses sistemas associativos são de natureza diferente em relação ao mundo do discurso, fogem enquanto tais ao mundo dos conhecimentos e crenças do paciente e criam verdadeiramente núcleos de representações não-acessíveis ao paciente: uma parte do substrato psíquico funciona com suas próprias regras dissidentes; fragmentos destacam-se por um tempo do continente das representações ligadas.

Parece que a concepção da desorganização do aparelho psíquico, sobre a qual repousam numerosas práticas de cuidados pela palavra, implica a idéia de uma fragmentação do substrato psíquico suscetível de ser recomposto pelo dispositivo clínico da entrevista.

Essa idéia de uma recomposição de uma estrutura psíquica fragmentada não é apenas própria da entrevista clínica de inspiração psicanalítica, mas de toda idéia psicoterapêutica no sentido amplo.

A teoria sistêmica de Bateson (*op. cit.*) descreve-nos o mundo mental do paciente esquizofrênico como entravado em seu funcionamento associativo por alterações da lógica discursiva, implicando uma confusão dos níveis hierárquicos da linguagem: "a classe pode ser membro dela mesma", "o mapa não é diferente do território"; o sistema lógico-discursivo está sujeito a regras que, por não serem respeitadas pelo esquizofrênico, dão a seu pensamento e a sua expressão verbal esse aspecto desconcertante, difícil de compreender.

Bateson (*op. cit.*) atribui essas perturbações do substrato psíquico a uma etiologia externa constituída entre outras pelo funcionamento patológico do sistema de comunicação da família: o discurso (no sentido amplo) funcionaria segundo um modelo que faz contínuas rupturas às regras dos tipos lógicos (Whitehead & Russell, 1913)[7], anomalia que conduz à geração dos paradoxos de comunicação.

As terapias pela palavra pressupõem uma certa analogia necessária entre as leis que comandam o funcionamento do substrato psíquico e as que regem a semântica do discurso em ato.

Essa idéia permite pensar que uma perturbação dos planos, da lógica ou da unidade do discurso pode ter um efeito de alteração ao nível do substrato psíquico e que, inversamente, uma tal disfunção das estruturas profundas poderá ser tratada pela ação do discurso no quadro terapêutico.

REORGANIZAÇÃO DO PSIQUISMO

A psicanálise preconiza como regra do jogo o princípio da "livre associação" na elaboração discursiva do paciente e no modo de escuta do profissional. Trata-se de dar aos interlocutores um acesso possível às representações reprimidas, permitindo em seguida sua re-associação ao mundo dos conhecimentos e crenças do paciente.

As terapias do tipo tradicional parecem baseadas em princípios comparáveis. É o caso da cura xamanística (Levi-Strauss, 1958) que permite restituir, no relato coerente cantado pelo xamã, os acontecimentos dolorosos que desestruturam a imagem corporal da paciente.

Essa reestruturação do mundo dos conhecimentos e crenças, e portanto a capacidade representativa do paciente, inscreve-se psiquicamente com um efeito de remanejamento interno do substrato. Essa reestruturação implica a existência de discurso em ato, sejam eles proferidos pelo paciente ou pelo terapeuta. Segundo o autor, o trabalho do xamã estabelece analogias estruturais entre diferentes níveis do funcionamento do corpo e do psiquismo; uma conexão pode assim se estabelecer entre os diferentes estágios do ser vivo:

---

[7] A teoria dos tipos lógicos permite, mostrar por exemplo, que o paradoxo do Mentiroso enunciado por Epimênides, o Cretense, "todos os Cretenses são mentirosos" decorre de uma confusão entre componentes proposicionais de níveis hierárquicos diferentes.

"A eficácia simbólica consistiria precisamente nessa 'propriedade indutora', que possuiriam umas em relação às outras, das estruturas formalmente homólogas, podendo edificar, com materiais diferentes nos diferentes estágios do ser vivo: processo orgânico, psiquismo inconsciente, pensamento refletido" (Levi-Strauss, *op. cit.*, p. 233).

A entrevista clínica inscreve-se em um objetivo geral semelhante: a disfunção psicológica do paciente implica uma carência associativa ao nível do substrato psíquico e a ação terapêutica se dá como objetivo aceder às representações isoladas e reconstituir as pontes associativas cortadas.

Para atingir tal objetivo, as técnicas diferem, as teorias contradizem-se por vezes, mas parece que o meio utilizado é praticamente sempre "a interpretação."

A interpretação é o motor essencial que permite a desconstrução e a reconstrução do discurso do paciente na entrevista clínica. A interpretação não é apenas um modo de intervenção do profissional nem um modo de reflexão do paciente. Ela é a regra do jogo do diálogo clínico.

O objetivo do clínico consiste em ativar as representações fragmentadas, depois favorecer sua inscrição em um discurso possível; seu meio é a interpretação que comporta duas possibilidades: aceder às representações e ligar entre si essas representações.

– *Para aceder às representações,* a interpretação é essencialmente modo de inferência que permite uma certa exploração e compreensão do discurso do outro.

– *Para ligar entre si as representações,* a interpretação é um ato de linguagem (que deve ser um ato terapêutico) enunciado pelo profissional.

Como modo de inferência, a interpretação é um método específico: ela deve permitir pôr em evidência as redes associativas que fogem do mundo dos conhecimentos e crenças do paciente: para a psicanálise, o método é descrito por Laplanche (1962):

"Interpretar em psicanálise é primeiro desmantelar e simplificar, de maneira radical, a organização do 'texto' manifesto, é, a partir daí, seguir, sem perder pé, as cadeias associativas que formam uma rede aparentemente desordenada e monstruosa, sem nenhuma proporção nem correspondência com a rede à qual ele está preso" (p. 40).

Como ato de linguagem, a interpretação consiste em reorganizar em um quadro de referência mais amplo (um continente ou um envelope) uma série de informações (conteúdos) heterogêneas entre si ou não. A interpretação como ato é, portanto, o modelo mesmo da aplicação de uma ordem discursiva que tem como função dar coerência e hierarquização.

Com respeito à psicanálise, a interpretação como ato é dificilmente dissociável da interpretação como modo de inferência (Widlocher, 1986):

"O que era um fato observável na dinâmica das associações torna-se na atividade mental do psicanalista o sentido de uma ação que ele pode comunicar àquele que é analisado." (p. 32)

OS ATOS DE PROFISSIONAL

Uma entrevista clínica é constituída por uma série de trocas entre paciente e profissional; essas trocas são materializadas por enunciados de extensão variada, proferidos com uma certa entonação e acompanhados por uma certa gesticulação. Chamamos interação na entrevista clínica o conjunto das ações realizadas pelos interlocutores por meio de seus enunciados (entendidos como integrando os três subsistemas de signos que são: o verbal, o para-verbal e o não-verbal).

As interações na entrevista clínica foram estudadas de uma maneira muito pormenorizada por Labov & Fanshel (*op. cit.*)

Esses autores estudaram os 15 primeiros minutos da 25ª sessão de psicoterapia (do tipo "Ego análise") de uma adolescente anoréxica

"Rhoda"; esse trabalho de "microanálise" tenta compreender a coerência profunda do diálogo, reconstituindo para cada enunciado o conjunto de suas significações.

Mostram esses autores que a atividade de inferência do profissional se aplica a pesquisar além da estrutura de superfície do discurso do paciente (o que é dito), o que é comunicado (por exemplo, sentimentos, emoções) e o que é atuado.

Apesar dos aspectos específicos do *corpus*, esse trabalho tende a mostrar que o discurso do paciente e do profissional constituem uma totalidade semântica da qual apenas uma pequena parte das informações veiculadas vem à tona. Levanta-se a hipótese de que o terapeuta (que não tem diante de si o tempo para a análise que é dado aos autores) deve necessariamente apreender e sintetizar instantaneamente o conjunto das informações veiculadas; na verdade, a coerência para reconstituir (como um quebra-cabeça, dizia Freud) retira esses elementos nos níveis não-explícitos do discurso. Trata-se da atividade de inferência do profissional.

As inferências do profissional

Rhoda, adolescente anoréxica, vive com sua mãe e sua tia no subúrbio de Nova York. Tem muitos problemas de relacionamento com essas duas pessoas.

Além de seus deveres escolares, Rhoda deve fazer tudo na casa, compras, arrumação, lavar e passar, cozinhar, etc. Sua mãe fica muito ausente da casa (casa 1), fica com mais freqüência em casa de sua filha mais velha (casa 2). A tia sempre encontra um pretexto para evitar os trabalhos domésticos.

Rhoda começa sua sessão contando o que aconteceu no último fim de semana. A mãe fôra à casa da irmã mais velha e ainda não retornara. Então Rhoda, conforme o que supõe ser expectativa do terapeuta (é preciso expressar seus sentimentos), exprime o que teria dito ao telefone para sua mãe:

E1 : "Escute, preciso lhe dizer que você já ficou bastante tempo aí."

Labov & Fanshel (*op. cit.*) mostram que este enunciado *E1* veicula uma estrutura informativa complexa, composta de ações e de proposições de que tratam essas ações. A análise considera o contexto situacional da paciente e contratual da entrevista.

As ações são atos de linguagem no sentido amplo (asserções, pedidos, promessas, desafios, etc.).

As proposições são esquemas mais ou menos abstratos, recorrentes, que condensam e resumem uma série de enunciados. No caso específico de nosso exemplo (*E1*), as proposições implicadas são as seguintes:

(os modos abstratos)

{1} compreendo as sugestões da terapia;

{2} a mãe cumpriu suas obrigações secundárias na casa 2;

{3} a mãe negligenciou suas obrigações primárias na casa 1;

{4} Rhoda pede à sua mãe que volte imediatamente para casa.

(os mais abstratos)

{*AD-X*} *X* é um membro adulto da casa.

{*CHEFE-X*} *X* é um chefe de família competente na casa.

Globalmente, o enunciado é assim analisado (Fig. 1):

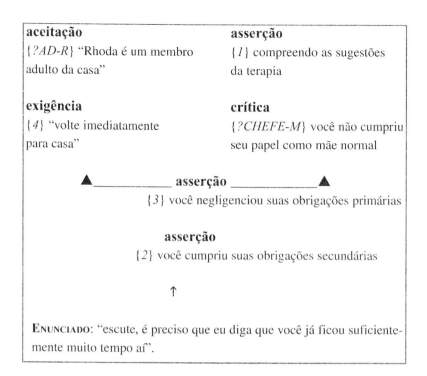

Figura 1. *Análise interacional de um enunciado.*

Neste exemplo, o sistema de ações contido no enunciado é complexo: o discurso do paciente "dá a entender" (Recanati, 1981) proposições e ações, mas apenas a escuta intervencial do profissional ou suas intervenções são suscetíveis de tornar ativos esses elementos implícitos do discurso. Para que um ato de linguagem seja realizado, é preciso que tenha sido validado, mesmo implicitamente, pelo interlocutor.

As técnicas de intervenção do profissional são múltiplas, elaboradas em referência a uma teoria eficiente, e forjadas pela experiência.

As intervenções terapêuticas do profissional

Tudo o que diz ou faz o profissional pode ser considerado como uma intervenção que tem valor de interpretação e portanto valor terapêutico: um silêncio, a interrupção da entrevista, uma, tosse, etc., mas essas intervenções sem referente específico retiram seu conteúdo interpretativo apenas do paciente.

Outros tipos de intervenção visam extrair informações da biografia do paciente ou favorecer sua produção discursiva. São intervenções comparáveis às desenvolvidas pelo entrevistador na entrevista de pesquisa (Blanchet, *op. cit.*).

As intervenções terapêuticas do profissional são as que perseguem explicitamente os objetivos que descrevemos anteriormente. São de três tipos distintos:

– as analogias proposicionais,
– as interpretações da modalidade ou do ato,
– as proposições terapêuticas.

As analogias proposicionais

São intervenções cujo modelo pode formalmente ser assim escrito:

$$F(p) \leftrightarrow F(q)$$

o que se lê; *p* tem a propriedade *F* como *q* tem a propriedade *F*; *p* e *q* representam respectivamente um conteúdo proposicional dado.

Exemplos: Freud (1954) diz ao pequeno Hans:
"Hans tem medo dos cavalos que têm manchas pretas sobre a boca como ele tem medo de seu pai que tem um bigode".

As analogias proposicionais que Labov & Fanshel (*op. cit.*) chamam "concatenações" têm uma função de pôr em paralelo ou em contraste esquemas proposicionais não-concatenados. Assim, o terapeuta de Rhoda lhe diz:

"Você se conduz com sua tia como sua mãe se conduz com você."

Tobie Nathan (observação não-publicada) diz à mãe, migrada na França com a idade de 18 anos, e à filha, viciada em heroína desde os 18 anos:

"A senhora, quando veio para a França, mudou completamente como Nadine quando ela usa heroína, ela muda completamente."

ou ainda:

"Nadine pensa: 'há minha mãe que eu não conheço' como sua mãe pensa: 'há Nadine que eu não conheço' ".

A ação terapêutica das analogias proposicionais consiste em ligar entre si representações não-conectadas pelo paciente, notadamente porque elas pertencem a níveis de discursos diferentes.

As interpretações

São intervenções cujo modelo pode formalmente ser assim escrito:

$$X \text{ diz } p, \text{ deduzo que } X \text{ diz } F(p)$$

em que F é uma propriedade de p que caracteriza a atitude de X ou o ato de linguagem projetado por X.

A interpretação consiste em reunir uma série de enunciados do paciente em um conjunto mais amplo ou quadro subordinador, a interpretação é, em geral, uma tentativa de explicitação da intenção no sentido amplo (atitude ou ato) do paciente.

Quando o profissional interpreta, ele manifesta um certo domínio sobre o enunciado do discurso, sua intervenção visa modificar a cadeia das causas que o paciente empenhara-se em construir.

Em muitos casos, parece que a arte da interpretação consiste em evitar a explicitação direta e clareza: o profissional desarma a resistência do paciente deslocando o objeto de sua intervenção para uma temática conexa ou então torna complexa ou ambígua intencionalmente sua expressão.

Freud dá um exemplo de interpretação que lamenta não ter feito no caso Dora (Freud, 1905, tr. 1954):

"Sei a razão da bofetada com a qual você respondeu à declaração do Sr. K. Não foi por suas solicitações terem ofendido a você, mas por vingança e ciúme..."

As propostas terapêuticas têm uma postura pragmática diferente: são atos de linguagem chamados "diretivos" (Searles, 1972) que visam "fazer alguma coisa" para o paciente.

As propostas terapêuticas

Estas intervenções são eficientes, conforme os casos e as teorias, elementos integrados ao dispositivo, sugestões, ordens ou oferecimentos, podendo dizer respeito a enunciados ou a objetos.

O dispositivo da cura psicanalítica realiza "à revelia" propostas terapêuticas por meio de rituais relacionados a dinheiro, horários fixos, pagamento das sessões não-realizadas, posição deitada, etc. e que ela impõe ao paciente. Na entrevista clínica, além do efeito de certos elementos do dispositivo, o clínico sugere, exige ou até ordena.

Tais intervenções tomam uma dimensão mais específica quando são utilizadas como alavanca para induzir uma mudança. É o caso das "injunções paradoxais" (Bateson, *op. cit.*) que tomam por vezes a feição de ordens absurdas, visando por exemplo fazer cessar a repetição de um "comportamento-sintoma". Pode-se, por exemplo,

---
[8] Natural de Cabila – região da Argélia (N. T.).

pedir a um paciente que não consegue despertar de manhã que "se obrigue" a dormir até o meio-dia.

É igualmente o caso do que Nathan (1987) chama "indutores culturais", isto é, "elementos de significação situados no limite entre o público e o privado, o íntimo e o ritual."

O autor cita o caso de uma paciente cabila[8] que se queixava de uma dor insuportável na garganta. Esta mulher atribuía esta dor a um osso de galinha que teria ficado preso em sua goela.

A indução terapêutica foi um convite feito à paciente de trazer na sessão seguinte o mesmo tipo de osso (cru) como o que era suposto ter ficado preso. A partir desta proposta, uma série de associações de pensamentos puderam ser feitas pela paciente, conduzindo-a lentamente a elaborar sua problemática subjetiva.

A função da proposta consiste então em lançar uma ponte entre dois universos culturais separados.

Conclusão

A ação terapêutica na entrevista clínica aparece como o recurso a uma estratégia que necessita de uma grande competência profissional. Esta atividade, ligada diretamente a um efeito esperado sobre o outro, assemelha-se à do comediante que desencadeia por sua fala lembranças e efeitos emocionais sobre o espectador-ouvinte.

Mas a prática clínica visa a mudanças mais essenciais no paciente. Como tal, ela fica sujeita ao progresso no conhecimento dos mecanismos em jogo e em suas teorias e técnicas.

Hoje, a entrevista clínica é uma prática essencial em diferentes setores da clínica e, no entanto, se cada profissional tem um conhecimento íntimo das entrevistas que conduz, "a entrevista clínica dos outros" permanece em grande parte "terra desconhecida".

As contribuições da pragmática lingüística, das teorias da interação e das teorias cognitivas atuais são úteis para renovar as problemáticas de pesquisa sobre a entrevista clínica. A utilização de dispositivos de observação transversais é passível de trazer conhecimentos comunicáveis relativos à arte do clínico e permitirá compreender, melhorar e renovar teorias e técnicas terapêuticas.

O TESTE PROJETIVO: VER, IMAGINAR, FANTASIAR.

1. A CRIAÇÃO PROJETIVA

por Kim-Chi Nguyên

"E eis que me tornei um desenho de ornamento".
Volutas sentimentais
Rolo das espirais
Superfície organizada em preto e branco
E no entanto acabo de me ouvir respirar
Será um desenho?
Serei eu?"

P. A. BIROT
POEMA DO OUTRO EU, P. 48.

No quadro de um inventário psicológico, todos os indivíduos que fizeram desenhos, que deram respostas às pranchas do Rorschach, que elaboraram histórias a partir das imagens do T.A.T. (Thematic Apperception Test), que fizeram uma história com Três Personagens, que construíram uma cidade com material em miniatura [...] olhando os resultados de seus esforços podem se fazer a mesma questão: serei eu? Na verdade, estas provas constituem o grupo das técnicas ditas projetivas, com estímulos pouco estruturados, ambíguos, com instruções vagas, gerando todos os tipos de respostas.

No entanto, elas são destinadas a apreender as características específicas da personalidade de um indivíduo a fim de não confundi-lo com nenhum outro. Elas servem de complemento aos testes ditos de inteligência e de aptidão, com estímulos bem-estruturados, instruções bem-precisas, exigindo respostas corretas e que procuram, por sua vez, situar este mesmo indivíduo em uma escala válida de medida, desta vez, para todos os cidadãos que vivem em um mesmo contexto sociocultural.

Os dados obtidos a partir das entrevistas com o cliente e sua família, ou apenas com o primeiro, dos resultados aos testes de nível, assim como aqueles dos métodos de investigação da personalidade permitirão ao psicólogo neles encontrar uma certa coerência para traçar um perfil psicológico. Para que podem servir estas características?

O PERFIL PSICOLÓGICO

Durante o encontro entre um psicólogo e um cliente (criança ou adulto), este último pode estar em situação de necessitar de ajuda ou obrigado a ser "examinado" tendo em vista um parecer, uma orientação profissional, um esboço; um perfil psicológico, um diagnóstico ou uma opinião serão conseqüência deste encontro. É uma operação que consiste em apreender um momento evolutivo da história deste indivíduo. Poderia fornecer em seguida uma base para um programa de ação adaptado às suas necessidades.

Durante uma ação temática de pesquisa, o perfil do indivíduo examinado libera ao mesmo tempo suas características pessoais e as características de seu contexto cultural, étnico ou da entidade nosológica que traz dentro de si e que constituem o objeto da pesquisa do psicólogo que avalia. Desta vez não é um diagnóstico individual que é a finalidade do encontro, mas no perfil do indivíduo enquanto membro do grupo de indivíduos que têm as mesmas características culturais, étnicas ou nosológicas. A análise dos perfis de vários membros desse grupo de referência fornecerá dados que permitirão confirmar ou invalidar as hipóteses iniciais da pesquisa.

O método dos testes em seu conjunto preenche, pois, os critérios exigidos pela definição da psicologia clínica, se tomarmos a definição de D. Lagache. Na verdade, este método permite estabelecer um diagnóstico que é uma operação fundamental da psicologia clínica cujo objeto é o estudo aprofundado das reações adaptadas ou não-adaptadas de um ser humano concreto às voltas com uma situação-problema (D. Lagache, 1949, p. 155-161). Seu lugar e sua especificidade são, portanto, incontestáveis no campo de aplicação da psicologia clínica enquanto instrumento especializado de trabalho dentre tantos outros.

O OBJETIVO DAS TÉCNICAS PROJETIVAS

Voltemos às técnicas projetivas que fazem parte dos métodos de investigação da personalidade ao lado das técnicas ditas subjetivas (por exemplo: o M.M.P.I.) e outras ditas objetivas (por exemplo: as técnicas de exploração do nível de aspiração).

Elas são caracterizadas principalmente pela ambição de seu objetivo: a de destacar a estrutura da personalidade de um indivíduo visto como uma unidade em evolução e cujos elementos constitutivos estão em interação.

O MATERIAL MEDIADOR

Para atingir este objetivo, o indivíduo a ser estudado será colocado à prova por meio de um material mediador. Esta mediação tem a missão de provocar no indivíduo uma descarga de seu vivido afetivo em uma *ação psíquica* equivalente a uma ação física de projetar alguma coisa em uma direção determinada. Trata-se aqui da *projeção de um interior* a partir de um âmago, o próprio indivíduo, para um *exterior* sobre um material-teste que serve ao mesmo tempo de tela e de espelho. Para favorecer esta descarga, este material mediador é o menos estruturado possível tanto do estímulo (borrões de tinta, imagens vagas, questões ambíguas...) quanto das instruções que convidam este indivíduo a criar o que quiser a partir deste "quase nada", em um clima de desrealização às vezes lúdico. Mas este "quase nada" é atuante pois, se é "fabricado" por seu autor, este busca sempre fazer referência ao repertório das problemáticas clássicas que assinalam a vida de um indivíduo. Por exemplo, segundo V. Shentoub, as imagens do T.A.T. representam situações clássicas, mas se referem sempre ao manejo da libido e da agressividade seja no registro da problemática edipiana seja no registro de uma problemática mais arcaica. Cada uma dessas imagens encerra um conteúdo manifesto e um conteúdo latente ambos suscetíveis de reativar tal ou tal nível de problemática (Shentoub, 1978, p. 118).

Assim para satisfazer a instrução que exige uma resposta a um estímulo dotado de qualidades sensoriais perceptíveis, mas portador de um conteúdo latente e que convida ao mesmo tempo o indivíduo a se deixar levar ao sabor de seus fantasmas, ele não os pode encontrar senão em seu espaço imaginário. É um espaço em que ele interiorizou, armazenou imagens e acontecimentos que existiram em seu espaço real externo a ele, mas que estão relacionados com seus fantasmas originários. Tomemos o esquema de M. Sami-Ali para ilustrar a experiência do espaço no indivíduo:

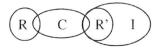

R = espaço da percepção,
I = espaço imaginário enquanto lugar de desejo,
R' = espaço da percepção, redobrado e contido no espaço imaginário,
C = eixo do próprio corpo da criança ao redor do qual se desenvolve essa experiência do espaço (Sami-Ali, 1976, p. 62-63).

O PROCESSO DA RESPOSTA

O processo de elaboração da resposta é feito em três tempos. Uma vez que a percepção do estímulo é realizada, o indivíduo vai fazer um movimento regressivo separando-se desse nível concreto para buscar uma resposta em seu registro de imagens interiorizadas. O conteúdo latente do estímulo vai reativar, então, representações inconscientes ligadas a afetos correspondentes. Esse ressurgimento vai alertar o Eu, instância mediadora entre o Id e o princípio da realidade segundo os termos da segunda tópica de Freud. O Eu vai encarregar-se, segundo as possibilidades de integração e de defesa, da reorganização dessas representações reativadas a fim de permitir, em um movimento progressivo, a emergência de uma resposta adaptável à exigência da instrução e das qualidades sensoriais do estímulo.

As respostas concretas finais dadas pelo indivíduo podem ser: palavras, frases, histórias, desenhos, aparentemente anódinos, mas elas são o resultado de um compromisso realizado pelo indivíduo entre as exigências de uma situação real e as de um imperativo inconsciente. A qualidade mais ou menos boa dessas respostas revelada pelas normas de uma grade de classificação padronizada do examinador indica a relação de força no trabalho de equilíbrio interno entre os diferentes níveis do funcionamento psíquico na resolução desse conflito.

A CRIAÇÃO PROJETIVA

O material-teste serve de suporte a uma projeção global que se exprime em uma língua indireta e codificada proveniente de uma tentativa de organização secundária de representações inconscientes reativadas por um estímulo portador de uma problemática latente, durante um movimento regressivo. Essa língua indireta é uma verdadeira criação projetiva, pois ela revela, em diferentes níveis, em sua objetivação no grafismo, na construção ou no verbo, o processo dos movimentos de oscilações incessantes entre os níveis primário e secundário da função de projeção do indivíduo examinado.

Essa criação é considerada pelos teóricos e profissionais como a projeção de uma *Gestalt* interna que tem *correspondência ponto por ponto* com a *Gestalt* externa (estímulo-teste), considerada no sentido matemático e neurológico da palavra. A análise da estrutura dessa criação, segundo tal ou qual teoria da personalidade adotada pelo profissional, permitirá a este apreender as modalidades habituais e dominantes do funcionamento psíquico do indivíduo examinando: sua estrutura pessoal. Esse resultado é o objetivo principal visado pelas técnicas projetivas.

A PROJEÇÃO E A ESTRUTURA DA PERSONALIDADE

Muitos profissionais demonstraram o fundamento dessa hipótese com diferentes materiais: Rorschach, T.A.T, 'Village'[1], etc. Mas sua demonstração não foi sempre fácil, pois a noção de projeção, que é o princípio ativo, a razão de ser das técnicas projetivas, tem uma origem polimorfa. No quadro limitado desse artigo, a definição desta noção não pode ser senão esquemática, porém indispensável. Para poder defini-la, a situaremos em seu quadro: a psicologia projetiva.

A partir da segunda metade do século 19, as contribuições sucessivas das teorias como a *Gestalt*, a fenomenologia, a psicopatologia, a psicanálise originaram inicialmente a noção de estrutura psicológica do indivíduo associada a uma psicologia de conteúdo que se distingue da psicologia da ação.

A noção de estrutura da personalidade desprende-se em seguida, implicando aquela de uma arquitetura interna composta por

---

[1] Village – Teste da Cidade, cuja tarefa é a construção de uma cidade.

instâncias ou subestruturas. A personalidade de um indivíduo é então caracterizada pelo ordenamento dessas diferentes instâncias.

No começo do século 20, nos laboratórios europeus e americanos, as pesquisas de tipo experimental são realizadas com o objetivo de destacar o conjunto dos fatores internos de origem psicológica que intervêm nos comportamentos humanos.

Elas se interessaram particularmente pelos fatores internos da percepção.

Os resultados dessas pesquisas mostraram que a percepção de um indivíduo está sujeita a distorções causadas por:

– seus hábitos mentais que procuram conduzir ao normal e ao habitual, aquilo que se apresenta de modo estranho,
– a forte carga afetiva de seus estereótipos,
– a pressão da opinião do grupo a que pertence.

A percepção é também muito seletiva por causa da sua dependência das motivações, dos desejos, das necessidades do indivíduo que percebe.

Além disso, o ser humano em suas relações com o outro, toma a si mesmo como quadro de referência e se conduz em relação a esse centro.

Em sua percepção do outro, ele projeta uma parte de si que escapou à sua própria consciência.

Assim, a percepção de um indivíduo está colorida por elementos de sua personalidade e esses elementos produzem uma tal distorção da realidade que se ele sente em segurança. Com efeito, por aprendizagem, o indivíduo adquire um grau adequado de tolerância para conservar em si um estado constante de ansiedade.

Quando o campo perceptivo se torna cada vez menos estruturado, a ansiedade tende a aumentar e o indivíduo não pode mais utilizar seus esquemas habituais. O eu é obrigado a intervir para restabelecer o equilíbrio e garantir uma certa homeostase (Anzieu, 1965, p. 260-270).

A PSICOLOGIA PROJETIVA

O encontro dessas duas correntes, uma teórica, outra experimental, deu origem à psicologia projetiva. Esta procura fornecer uma base teórica a uma metodologia que desemboca em uma aplicação clínica. Mas, pela mesma conjuntura, ela amplia o horizonte dos princípios teóricos. Por exemplo: a análise das ilusões ótico-geométricas realizadas por um *Gestaltista* ocasionou a descoberta das leis das formas perceptivas. A análise das respostas de um indivíduo submetido à exploração de um material ambíguo por um psicólogo clínico, favoreceu a constituição de um modo de abordagem dos processos da personalidade. A aproximação desses dois resultados culminou nessa explicação: "[...] a ambigüidade é utilizada, aí, como meio de abordagem das condições externas da percepção, aqui, como meio de abordagem das condições internas. A psicologia projetiva ampliou a psicologia da forma: ela se interessa pelas relações do homem com os outros, ao mesmo tempo que com as relações do homem com o mundo". (Anzieu, 1965, p. 3).

OS DIFERENTES TIPOS DE PROJEÇÃO

Segundo Ombredane, a projeção presente nas técnicas projetivas se apresenta sob várias formas. Ela pode ser:

- **especular**: o indivíduo encontra na imagem do outro, as características que ele pretende ser suas. Esse tipo de projeção se exprime no modo indicativo ou optativo,
- **catártica**: o indivíduo atribui ao outro as características que ele pretende não ter, que ele recusa considerar suas e das quais ele se livra,
- **complementar**: o indivíduo atribui aos outros os sentimentos ou atitudes que justificam as suas próprias (Anzieu, 1965, p. 10-11).

Todos esses tipos de projeção podem também ser encontradas em uma criação projetiva.

O INVENTÁRIO PSICOLÓGICO E SEU QUADRO

Até agora analisamos a criação projetiva sob o ângulo da projeção de uma estrutura da personalidade de um indivíduo com suas oscilações primária e secundária. Mas não devemos esquecer que ela é produto de um encontro entre o indivíduo e o examinador, que utiliza um material mediador como apoio para a projeção. Esse encontro tem por quadro: um inventário psicológico. O que significa que esse "aqui e agora" não se resume em uma relação unicamente triangular examinador-examinando-exame. Mas engloba pelo menos três outros "atores" ausentes nesta cena, mas também atuantes. São eles:

- aquele que pede o exame, que pode ser o médico, o juiz, o professor, o chefe, o pesquisador, o próprio indivíduo ou sua família;
- o motivo do exame: um diagnóstico diferencial, uma perícia, uma opinião, uma hipótese de pesquisa;
- o meio ambiente próximo do indivíduo examinado.

A DINÂMICA INTERPESSOAL

Desses três outros elementos, o motivo do exame é onipresente durante esse encontro examinador-examinando, pois é ele quem os colocou um frente ao outro. É ele quem determina a escolha da bateria de testes que o psicólogo utilizará.

Ele é uma fonte de ansiedade para o indivíduo examinado sobretudo quando se trata de uma perícia da justiça. Por esse motivo, ele influencia sua atitude diante do psicólogo e do teste, do que resultam as críticas, a agressividade, a sedução, etc.

Ele fornece também motivos de preocupação para o psicólogo, pois este deveria fazer uma escolha cuidadosa do material a fim de obter o máximo de informações sobre o examinando. Essas informações lhe permitiriam encontrar uma confirmação ou uma anulação à hipótese proposta por quem pede o exame. Em relação a este último, o psicólogo pode se colocar em uma situação de dependência ou de rivalidade, em que estaria em jogo o seu valor profissional. Esse vínculo relacional vai pesar na atitude diante do examinando: ele espera obter respostas que vão no sentido das suas expectativas, enquanto que ao mesmo tempo ele deve se impor uma atitude de "neutralidade benevolente". Essas expectativas estão presentes também no caso de uma pesquisa temática na qual o pesquisador quer ver suas hipóteses confirmadas.

Quanto à família próxima do examinando – sobretudo quando este é uma criança – o modo da sua demanda, suas expectativas e sua visão do psicólogo terão um impacto importante na relação criança-psicólogo durante o exame. Segundo "o que não vai bem" na criança, os pais podem atribuir ao psicólogo o todo-poderoso de um poder punitivo ou terapêutico. Essa visão vai pesar sobre aquela que a criança terá em relação ao psicólogo e durante o exame, a criança poderá se mostrar opositora, passiva ou sedutora por razões transferenciais. O psicólogo pode, por sua vez, também tornar-se cúmplice da criança ou sedutor, pois é da criança que via depender o bom andamento do exame psicológico (M. Monod, 1978, p. 140).

O "HIC E NUNC"[2] E A DINÂMICA INTRAPESSOAL

Voltemos à cena do teatro na qual os três principais atores, examinador-examinando e o material de teste estão um frente ao outro.

Esse "aqui e agora" foi objeto de múltiplas experiências em que as diferentes variáveis foram diversificadas a fim de observar se

---

[2] Aqui e agora em latim (N.T.)

houve modificações importantes na produção do indivíduo examinado. Também podemos variar o sexo, a idade, a apresentação do psicólogo; podemos criar experimentalmente situações de estresse, de excitação agressiva ou de relaxamento (Guillaumin, 1977, pp. 64-75). Todas essas experiências mostraram que as respostas do indivíduo são influenciáveis e dependentes da atmosfera da situação do exame. Mas, do mesmo modo, elas demonstram também que as situações experimentais sempre falseiam os resultados, seja pelos exageros desejados desde o começo seja por causa das modificações das variáveis que tornaram essa situação pouco habitual.

Que acontecerá no quadro de um inventário psicológico não-experimental? Resumamos a dinâmica interpessoal entre os diferentes elementos presentes no esquema da página seguinte:

Segundo esse quadro, o examinador e o exame emitem mensagens impelindo o indivíduo em uma situação des-realizante e lúdica em que ele deve conciliar liberdade de fantasiar e a obrigação de respeitar uma instrução, e em que a causa do exame é onipresente. Esta atmosfera é ansiógena e determina a atitude do indivíduo em relação ao psicólogo e ao teste.

O material de teste lhe serve então de lugar de:

– liberação de seus sentimentos, de suas transferências sobre o psicólogo e também do que ele pode captar como expectativas deste último a seu respeito;
– projeção de suas próprias problemáticas reativadas pelo conteúdo latente do material.

O conjunto de suas reações perceptivo-verbais, perceptivo-motoras ou temáticas diante do estímulo ambíguo constitui SUA criação projetiva. Mas, na realidade, essa criação representa uma superfície comum de convergência de projeções das variáveis em jogo na situação do exame psicológico, considerada como um todo dinâmico do qual o indivíduo é o único porta-voz.

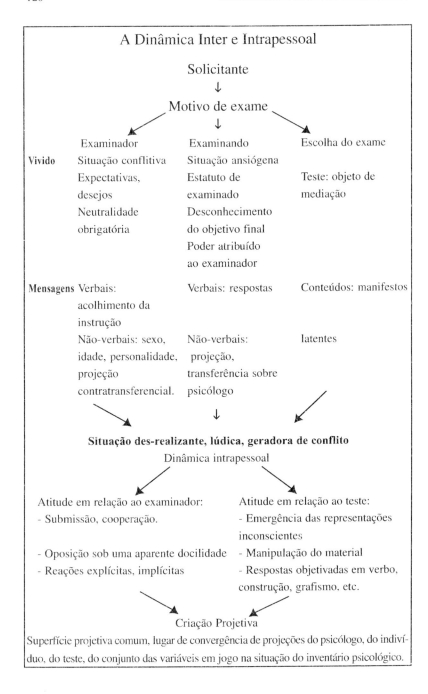

ANÁLISE DE UM PROTOCOLO

Para ilustrar o que se disse acima, eis o protocolo de Rorschach de um presidiário de 51 anos de idade, tomado durante um inventário psicológico. A psicóloga é uma mulher de 40 anos.

O indivíduo deu 46 respostas, o que corresponde a uma numerosa produção. Por causa do espaço restrito desse artigo, reproduziremos inteiramente apenas duas pranchas e alguns trechos.

Analisaremos primeiro o meio ambiente "aqui e agora" por meio da verbalização do indivíduo e em seguida a dinâmica dos movimentos progressivos-regressivos das respostas.

ANÁLISE DA SITUAÇÃO "AQUI E AGORA"
A relação examinando-examinador

Imediatamente o indivíduo se sente "cronometrado" e talvez "pressionado", pois é sua primeira resposta e esse conteúdo volta várias vezes na continuação.

A convicção de um desempenho a realizar para agradar à psicóloga parece persistir durante o protocolo:

Pr. I: "Eu vejo já [...] se a senhora quiser [...] Lhe é suficiente?"

Pr. II: "Eu vou pôr tudo para fora! Eu não sei se já lhe disse o suficiente?"

Pr. IV: "É preciso dizer o que se pode achar [...] Após, que outra coisa eu lhe poderia encontrar?"

Pr. VIII: "Eu lhe faço gastar papel! Chegamos ao final."

Pr. X: "A senhora vai me perguntar: aonde ele vai buscar tudo isso?!"

Esse desejo de se desempenhar bem é acompanhado de outras táticas:

- *a agressividade, a provocação: Pr. I:* "[...] Se a senhora deseja me impelir em minhas eliminações, ser viciosa [...]"; *Pr. IV*: "Eu volto sempre, a senhora dirá que tenho idéias fixas."
- *a adulação, a submissão: Pr. II:* "É muito divertido. É muito interessante! A senhora fez bem em me convocar! A gente aprende todo o tempo." *Pr. VII*: "Eu posso girar?".
- a *referência à sua própria cultura: Pr. III:* "Diríamos duas dançarinas de arte moderna. Horrível, eu não gosto de arte moderna." *Pr. X :* "Isso vai me lembrar meus estudos de medicina."

Esse indivíduo parece querer seduzir a psicóloga empregando distintas maneiras, não apenas porque ela é uma mulher jovem mas talvez por causa do motivo do exame. Quanto à sua numerosa produção (46 respostas), as expectativas da psicóloga sobre seu caso seriam provavelmente uma das causas.

A relação examinando-exame

Pr. I. "É preciso realmente ter imaginação! Mesmo assim isso me intriga! Essas manchas são feitas ao acaso?"

Pr. III: (18" de latência) "Esse vermelho, aí [...]"

Pr. VI: (26" de latência) "Aqui é menos característico [...] Isso não me dá muitas idéias."

Pr. VII: (gira a prancha) "[...] desse, lado não [...] eu vejo [...] não, veja isso não me diz nada".

Pr. IX: "puf, puf [...] (gira a prancha) Oh! [...]"

Essas hesitações encontram-se seja no começo seja no meio, mescladas a outras respostas, ou no final das pranchas. Sua existência prova que o conteúdo latente dessas pranchas colocou às vezes, de verdade, o indivíduo em dificuldades antes dele ter podido dar uma resposta.

Assim, a grande produção do indivíduo parece ter três funções:
- "dar" muito à psicóloga para lhe agradar e para a seduzir (nível anal do "fazer");
- preencher o espaço da situação de exame a fim de dominar sua angústia suscitada por motivo do exame em virtude de seu estatuto de presidiário;
- neutralizar o conteúdo latente de cada prancha que reativa diferentes problemáticas.

Esse mecanismo de defesa pelo preenchimento seria o único desse tipo no indivíduo?

Análise da dinâmica do discurso projetivo

Tomemos as duas primeiras pranchas para ver como esse indivíduo vai agir para livrar-se das dificuldades.

Pr.1					
- É cronometrado?					
- 15"					
- Vejo duas patas de caranguejo, se a senhora quiser.	F	Do	F+	Ad	
- É preciso verdadeiramente ter imaginação!					
- Sim, isso pode ser uma borboleta.	G, F	G	F+	A	Ban
- Isso pode ser também, se quisermos, uma... uma parte...	parte méd. inferior	D	F+	H	
Se a senhora quiser me impelir nas minhas eliminações, ser viciosa.	(cinza escuro)				
Também a impressão de um corpo humano.					
- A Terra vista da Lua.	parte central do D	Dd	EF	país.	
-Também a cabeça de uma raposa	lateral EF saliência	D	FC'	(Ad)	

na forma de uma sombra chinesa³. Bem...é suficiente para a senhora? Isso me intriga! Essas manchas foram feitas ao acaso?	lateral (referência ao exami- nador). (referência ao teste e ao exami- nador)				
Pr. II - 12" - Eu vou pôr tudo para fora! Isso parece, o vermelho, aqui, os capuzes da Ku Klux Klan. - Aqui, no alto, parecem fantasmas. - Ali, é claramente, penso, lagosta ou caranguejo. - É muito divertido. - Poderíamos quase ver as cabeças de veadinhos ou gatinhos com suas duas orelhas. Não sei se eu lhe disse o suficiente? É muito interessante! A senhora fez bem em me convocar! A gente aprende todo o tempo.	vermelho superior ponta mediana D vermelho central. antenas, FC (referência ao teste) D preto, F (referência ao exami- nador)	D D D D	FC F- FC F+	Obj. (H) A Ad	 Ban

Pr. I: Imediatamente o indivíduo parece estar em dificuldade porque ele se sente cronometrado. Mas ele pode contornar essa angústia inicial refugiando-se em um pequeno detalhe em vez de enfrentar a globalidade da tarefa. Sua primeira resposta foi, então, Do F+ Ad.

---

³ Sombra chinesa é a sombra de algo que cobre a luz em uma superfície, como na brincadeira de reproduzir um pássaro com as mãos e tê-lo projetado em uma parede.

Ele pode evitar uma rejeição que seria um fracasso de seus mecanismos de controle. Embora esta resposta indique um equivalente ao choque do sujeito em relação às diversas problemáticas inerentes a essa primeira prancha, ela representa ao mesmo tempo uma tática do indivíduo para contornar uma dificuldade.

Uma vez que o perigo foi evitado, o indivíduo tem necessidade de retomar seu fôlego. Ele faz ainda uma crítica subjetiva do teste (é preciso verdadeiramente ter imaginação!), equivalente a uma ruptura na projeção para tomar pé da realidade. Essa pausa lhe foi proveitosa, pois um movimento progressivo é iniciado para conduzi-lo até o nível secundário da resposta banal G F+ A Ban. Essa retomada de controle lhe dá confiança e o incita a piscar para a psicóloga "enquanto mulher", fazendo uma alusão sexual neutralizada: "Isso pode ser também uma parte [...] também a impressão de um corpo humano". Na mesma ocasião ele exprime a relação "poder sádico" do examinador e "estado de inferioridade" do examinando inerente à situação de realização do teste, com uma ponta de provocação.

Mas essa audácia da parte de um presidiário, em relação a um membro do poder judiciário, não lhe parece tolerável, pois ele se apressa em introduzir um distanciamento, desvitalizando o conteúdo humano precedente no curso das duas respostas seguintes: "a Terra vista da Lua" e "uma cabeça de raposa sob a forma de uma sombra chinesa[3]". Nestas duas respostas o movimento regressivo é visível tanto nos conteúdos quanto nos determinantes e no Dd.

Pr. II: A desvitalização dos conteúdos que acompanham o movimento regressivo se prolonga nas duas primeiras respostas: "capuz da Ku Klux Klan" e "fantasmas". Esse distanciamento traduz ao mesmo tempo um equivalente do choque ao vermelho provocado pela problemática arcaica que está aí associada. O indivíduo está sensível a esse conteúdo latente. Um retorno ao nível secundário, representada pela última resposta D F+ Ad Ban, não lhe é possível senão após ter feito novamente uma ruptura da projeção refugiando-se no jogo: "É muito divertido!".

No final, ele retoma seu lugar com submissão: "Eu não sei se eu lhe disse o suficiente?" e faz um elogio à psicóloga: "É muito interessante! A senhora fez bem em me convocar! A gente aprende todo o tempo."

O modo de funcionamento desse indivíduo durante essas duas primeiras pranchas é típico de seu jeito de ser durante as outras oito pranchas. Ele contorna as problemáticas espinhosas:

– refugiando-se nos detalhes D ou Dd. É raro que ele as enfrente por meio de uma apreensão global (G% = 8 - somente).

– realizando rupturas da projeção por intermédio de comentários referentes ao teste, à psicóloga ou a ele mesmo. Essa forma de atuar lhe permite manter um controle formal constante em suas respostas (F+% = 82 - aumentada; F% = 100 - aumentada) e evitar as rejeições que são fracassos dos mecanismos de equilíbrio interno diante da reativação das representações inconscientes.

Na presença de uma situação pouco habitual e ansiógena, o indivíduo parece saber empregar vários modos de defesa: a superprodutividade, as rupturas de projeção, os desvios, a submissão, o elogio, a provocação, etc. Eles não são totalmente eficazes. Cada um deles isoladamente, mas essa diversidade permite ao indivíduo ter um contato constante com o real (F% = 100 - aumentado). Esse indivíduo poderia estar preocupado, perturbado por um fato, um acontecimento, mas não parece se deixar inundar por sua afetividade.

Conclusão

Analisando esse exemplo podemos constatar que:
- o material de teste projetivo, qualquer que sejam as características (temáticas ou estruturais) é ao mesmo tempo:

- um instrumento de pesquisa,
- um suporte de projeção e da transferência,
- um mediador da interação psicólogo-indivíduo,
- uma tela-espelho para o conjunto da projeção do indivíduo;
- a criação projetiva do indivíduo é um espaço no qual há o encontro da projeção estrutural e da projeção do "aqui e agora". Ela tem seu modo de expressão em relação a uma situação, um material, um representante de um contexto socioafetivo;
- as oscilações dos movimentos progressivos-regressivos dentro do discurso projetivo permitem balizar as modalidades da organização defensiva no processo regressão-reorganização. A análise destes movimentos facilita a apreciação do espaço psíquico em que as possibilidades criativas e de mudança são preciosas para um diagnostico, um projeto terapêutico ou social.

A criação projetiva é uma marca que tem um sentido e que se torna em seguida um documento que faz parte de um prontuário. Sua análise é um procedimento clínico que exige a competência do psicólogo, pois de acordo com A. Belay, um diagnóstico é uma "descrição dos mecanismos psíquicos e a elaboração de hipóteses concernentes a criação destes" (A. Belay, 1965). Como a personalidade de um indivíduo é tão complexa que nenhuma bateria de testes poderia explorar de modo exaustivo, a tarefa será muito árdua.

2. A MEDIAÇÃO PROJETIVA. O EXEMPLO DO RORSCHACH E DO T.A.T.

Por Olivier Douville

GARANTIR A APLICAÇÃO DE UM PROTOCOLO

A SITUAÇÃO PROJETIVA

No começo da situação que conduzirá o psicólogo, profissional e/ou pesquisador a construir um inventário projetivo, estão presentes muitos parâmetros:

- o material, visual, ambíguo ou impreciso nos seus contornos ou em seus conteúdos, mas cheio de materialidade e aleatório em seus significados que ele propõe sem nunca os garantir formalmente,

- uma instrução, convidando o indivíduo examinando a associar em uma exigência de formalização e de secundarização,

- o examinador e o examinando em interação, enfim, ao redor dessa mediação projetiva solicitada.

A incidência da instrução que implica também a mobilização do controle e da negligência, pode ser comparada a essa definição que D. Lagache nos oferece da situação analítica: "Des-raciocine, e agora raciocinemos". Essa torção implica que esses dois movimentos encontram na história ou na resposta associada à expressão, simultaneamente seus antagonismos e sua solidariedade. Nesse sentido as respostas "T.A.T." ou " Rorschach" estarão em ressonância com o mais íntimo e o mais anódino, com o que é mais secreto e revela de mais coletivo. Os elementos propostos pelos estímulos são suficientemente triviais, para deixar uma zona de acordo para aqueles a quem se pede associar uma imagem mental (Rorschach) ou de contar uma fantasia ordenada no tempo (T.A.T.).

A situação da aplicação foi freqüentemente descrita segundo um ponto de vista "agressivo-persecutório" no qual a administração dessa prova equivale a uma agressão, a um estresse. Convém destacar o efeito catártico que ela é também susceptível de revestir. Retomada sob o ângulo da interação proposta, a situação examinando-examinador faz apelo à fantasia e permite deixar-se levar por uma capacidade de imaginação e de jogo.

Verifecou-se muitas vezes, sem que uma teorização não se atrase, que a pessoa examinada nos libera no fluxo de suas associações, evocações metafóricas da situação transferencial (sobre o psicólogo e sobre o material) que ela está vivendo. Essa evocação facilita o mais freqüente estabelecimento do jogo transicional entre controle e negligência. Autores antigos como Bellack tinham já destacado a importância da primeira prancha (no T.A.T.) quando ela oferece a ocasião, a quem a recebe, de elaborar uma fantasia pré-consciente ao redor da relação examinador-examinando-material.

No exercício da psicologia em sessão privada, as demandas de inventário nem sempre são raras, elas podem recobrir entretanto uma exigência de escuta e de presença que vai além da simples vontade de obter uma informação sobre si mesmo por um tal enfoque. Com freqüência no quadro de uma consulta em um lugar público de assistência, o inventário projetivo é um aspecto de tomada de cuidado e a pessoa examinada não é em nada solicitadora.

As diferentes utilizações das metodologias projetivas

Entretanto, a longo prazo, a utilização dessas técnicas projetivas, que são o Rorschach, o T.A.T. e o Teste dos Três Personagens, conhece uma dupla vocação. Instrumentos de diagnóstico individual, eles interessam às pesquisas da psicologia clínica ou da psicologia social clinica sobre grupos culturais, socioeconômicos, socioprofissionais, amostra de indivíduos que têm uma patologia comum, etc.

Qual a contribuição dessas técnicas à consulta e à pesquisa? Responder a essa questão pressupõe a crítica de diferentes representações que os profissionais podem ter sobre as condições de utilização e do alcance desses instrumentos. Essas representações, muitas vezes diversas, são às vezes poluídas de negligências metodológicas.

Observamos, ainda hoje, a manutenção de um pressuposto que veria nessas provas reveladoras de condutas reais dos indivíduos examinandos. Digamos claramente: a preocupação de adivinhar se um indivíduo atuou tal ou qual conflito, optou por um tal modo de conduta, não substitui o campo da metodologia projetiva, cujas técnicas não podem servir para obter informações pelas anamneses.

De fato, o instrumento Rorschach, por exemplo, desenha a dinâmica de movimentos individuais e de condutas psíquicas criadoras pelo movimento da regressão que ele induz até as fontes pulsionais profundas para preencher o espaço vazio apresentado pelas dez pranchas. Não é surpreendente (o procedimento clínico não sendo uma pura pesquisa nosológica) constatar que os quadros de personalidade profunda revelados pelos instrumentos clínicos superam as constatações das observações diretas. A ausência de transparência entre o descritivo da sintomatologia e o posicionamento "T.A.T. – Rorschach", não assinala um arbitrário não controlável no emprego dessas técnicas. Ao contrário, esse afastamento situa a originalidade dos dados projetivos capazes de atingir e de solicitar os mecanismos de defesa, os conflitos e sobretudo os entrelaçamentos e des-entrelaçamentos entre mecanismos de intrincação ou de desintrincação pulsionais.

Precauções etodológicas

Finalmente, é preciso prudência quanto ao método da pesquisa psicológica preocupada em utilizar esses instrumentos clínicos. Quando desejamos avaliar o impacto de um acidente, de uma ruptura ou de uma crise, predizer os riscos de passagem a um ato, no diagnóstico clínico individual, não devemos desconhecer que nem tudo vem só do indivíduo, mas depende das qualidades de interações que regem a sua relação com o meio.

Um outro ponto desconcertante surge quando encaramos, esta vez, não mais o uso desses testes no quadro de uma consulta a dois com finalidade diagnóstica, mas sob o ângulo das pesquisas que visam a apreender os traços de personalidade dos indivíduos inscritos em tal ou qual grande recorte classificatório: a nosologia médica e/ou psiquiátrica; as estratificações socioeconômicas e/ou socioculturais.

Aparecem claramente dois riscos de impasses metodológicos:

• O primeiro é o efeito da crença que exige que todas essas categorias classificatórias estejam apoiadas em bases conceituais sólidas e definitivas. Freqüentemente, a nosologia psiquiátrica recupera quadros "projetivos" muito variados. A prudência e o rigor exigem, nas pesquisas "nosológicas" nas quais as técnicas projetivas são empregadas, a constituição regular de uma amostra-testemunha.

• O segundo risco provém da convicção circular segundo a qual grupos doentes orgânicos (diabéticos, pacientes "psicossomáticos", cancerosos) ou indivíduos "casos sociais" (alcoólatras, toxicômanos, delinqüentes) constituem conjuntos densos, definidos por um traço: a doença ou a atuação (*acting*), como se um tal re-agrupamento constituísse um critério de homogeneidade para as pesquisas sobre a personalidade. O raciocínio subjacente é tautológico, pois pretende que se descobrimos traços comuns a um tal ou qual grupo, esses traços comuns desenham o perfil dessa personalidade de base susceptível de produzir a doença ou a atuação. Entretanto, é sempre possível – o T.A.T. e o Rorschach abraçam um grande número de dados relativos aos funcionamentos psíquicos – encontrar, custe o que custar, traços comuns, não importa a qual grupo constituído e isso não fundamenta em nada um procedimento clínico.

Deles decorrem a obrigação prática de se dotar de uma amostra testemunha e a necessidade teórica de conceitualizar o processo projetivo. A ambição seria trabalhar a interpretação desses protocolos, não para se limitar a uma lista de traços que vem se aglutinar no quadro patognomônico, mas para objetivar os efeitos dos processos metapsicológicos em ação.

A SITUAÇÃO DAS TÉCNICAS PROJETIVAS:
UM PROTOCOLO, COMO COMPREENDER SUA ORIGEM?

Voltemos ao Rorschach. Uma mancha de contornos enigmáticos vai, pela palavra, tomar uma consistência imaginária da sua metamorfose em morcego, árvore, casa, personagens humanos animados ou desvitalizados, interior de um corpo com os órgãos visíveis ou reduzido ao esqueleto. A resposta que traduz esse movimento de ilusão criadora ou de formalização adaptativa em que o examinando acredita ver ou imaginar a realidade a partir de uma provocação no sentido que o psicólogo, na instrução, enuncia como uma representação-objetivo.

PROCEDIMENTO DIAGNÓSTICO

A partir das respostas dadas, a prática de um inventário centra um enfoque diagnóstico mais freqüentemente sobre só um indivíduo.

Os procedimentos mais estatísticos ou de psicologia antropológica clínica, como os conduzidos nos Estados Unidos (na Universidade de Berkeley, por George De Vos), e sobretudo representados na

França pelos pesquisadores do Centro de Estudos sobre a Adaptação e a Des-adaptação (C.R.E.D.A.- Paris) ou pelo grupo de métodos projetivos da Universidade de Paris VII, podem centrar-se nas dimensões coletivas e culturais da projeção em Rorschach, no T.A.T. ou então na prova dos Três Personagens.

Essa última perspectiva de pesquisa deve, para se sustentar, operar na leitura e na cotação das narrações, uma distinção entre os modos de simbolização do conflito, colocada à disposição dos membros de uma cultura por essa mesma cultura, e a expressão da utilização de tais ou quais mecanismos de defesa pelo indivíduo. Os mecanismos das grandes linhagens neuróticas, narcísicas ou estado limites são o tesouro singular do indivíduo e não têm correspondência unívoca no grupo de pares. Essa distinção entre uma leitura clínica e uma leitura antropológica (esta última pouco conhecida na França), se reflete pelo distanciamento que existe entre a grade antropológica de cotação do T.A.T. de Georges A. De Vos, e a grade clínica de V. Shentoub, R. Debray e F. Brelet. A primeira objetiva os modelos e os ethos, os comportamentos; a segunda limita os momentos de coincidência ou de rompimento entre a narração e os trajetos da pulsão e da defesa. Essa grade "clínica" desloca o acento do trabalho, normativo e prescritivo, das instâncias do ideal à dialética entre os procedimentos de funcionamento do Eu e a pressão do fantasma, que ocupa agora um lugar central.

A dinâmica da projeção se ligará ao modo em que as respostas de um indivíduo testemunham seu mundo imaginário inconsciente, as zonas conflitivas mais vivas, sua atividade psíquica de fantasmatização e de simbolização. Basicamente é na obra de D. Lagache, presidente da Sociedade Francesa de Métodos Projetivos e do Rorschach, que se teoriza em primeiro tempo a descrição psicanalítica dos processos postos em jogo no momento da construção de uma resposta "Rorschach" ou de uma resposta "T.A.T.". Seus artigos sobre *La rêverie imageante, conduite adaptative au test du Rorschach (1957), La Folle du Logis (1964), L'imagination (Bulletin de psychologie-*

Février, 1965) fazem do Rorschach algo mais do que um teste de percepção, solicitando a prova do Rorschach principalmente a 'rêverie' imaginativa. Devemos igualmente a D. Lagache a distinção entre os mecanismos de defesa e os mecanismos de isolamento enquanto estes têm por finalidade a redução urgente das tensões internas, os outros tendem a realização das possibilidades, mesmo ao preço de um aumento da tensão.

Foi após as inovações teóricas de D. Lagache, de Z. Helman também, que se teorizou em Paris toda uma metapsicologia da resposta Rorschach e T.A.T., cujos trabalhos de N. Rausch de Traubenberg e C. Chabert, para o primeiro tipo de prova, e os de V. Shentoub, R. Debray e, posteriormente de F. Brelet, para o segundo, definem as etapas.

As perspectivas metapsicológicas

A utilização da referência à teoria psicanalítica é constante e ela se situa em ruptura com a tradição epistêmica favorável a ela evidenciar a ruptura entre os modos de função conscientes e inconscientes. É a compreensão do compromisso original, criativo, distante do fantasma que se torna o objeto do estudo clínico das narrações dadas no T.A.T. Essa transformação do olhar clínico nessa prova deixa de lado a interpretação temática das narrações para a análise das condições da enunciação desse compromisso: uma narração distante, ligando essa dupla pressão da secundarização e da emergência de traços mnésicos inconscientes. A inovação salutar proposta dá as costas aos velhos sistemas de leitura das narrações que, de Murray a Ombredane, reuniam, sem solução de complementaridade, a informação antropológica e o quadro clínico.

Nesse contexto novo por sua referência à teoria freudiana, não se trata, entretanto, de fazer da situação de aplicação de um Rorschach ou de um T.A.T. uma modalidade abreviada e expressa de uma cura.

Prevemos um mal resultado às terapias mistas em que o terapeuta e/ ou o analista se autoriza, para ganhar tempo, a fazer um inventário antes de começar a terapia propriamente dita. Muito precisamente, como dizia D. Anzieu e F. Brelet, a referência psicanalítica permite perceber, na situação projetiva, a dependência e a natureza dos processos psíquicos que unem o fantasmático ao que é dito.

O EXEMPLO DO T.A.T.

A prova do T.A.T. dá lugar, primeiramente, a uma formulação precisa do processo projetivo. Levada a compor com uma vasta palheta de situações edipianas ou mais arcaicas reativadas diante dele pelo conteúdo latente da cada uma das pranchas apresentadas, o indivíduo examinado projeta duas realidades psíquicas: a do investimento dos traços mnésicos inconscientes e a da secundarização sob a égide do princípio de realidade. A irrupção do fantasma inconsciente na fantasia consciente não se percebe senão por seus efeitos: regressão total da temática e perturbação do discurso. Nisso, essa interrupção do deslocamento do investimento psíquico, depois da representação da coisa até a representação da palavra, não pode fazer esquecer o embasamento pulsional e fantasmático primitivo, no qual toda a atividade de representação psíquica dos conflitos continua a se enraizar.

A partir dos processos de elaboração acionados, o psicólogo clínico avalia a qualidade de liberação das funções do Eu. Na enunciação que confere às narrações seu élan singular, se revelam também, no diagnóstico, organizações de discurso notáveis por sua monotonia, prevalência da organização defensiva e carências da 'rêverie' imagética ou do fantasma, quando de uma prancha à outra, os mesmos impasses defensivos, os mesmos enquistamentos narcísicos, se depositam...

Uma insistência que encontra o uso da referência metapsicológica analítica – que se supõe objetivante – consiste na afirmação de que o estilo de algumas respostas revelaria se existiria ou não o traço da capacidade fantasmáticas em uma pessoa. Isso é uma conseqüência lógica da grande dificuldade que existe de diferenciar a defesa do afastamento. Como, a partir da noção de compromisso defensivo, decretar que uma narração ou uma resposta sem fantasia traduz uma desertificação da atividade fantasmática ou a forte mobilização de uma defesa contra o fantasma? Como separar clinicamente a inibição (marca de um aumento do imaginário) e a carência da função imaginária? No manejo cotidiano de um T.A.T., o que garante ao clínico que não vê uma tentativa de fantasmatização por parte do sujeito, que essa carência que se observa é o sinal clínico de uma atividade defensiva que inibe a elaboração do conflito? Esse sujeito testado era mesmo capaz disso?

Suponhamos que uma afirmação rigorosa seria que, diante das respostas lapidárias Rorschach ou das narrativas descritivas T.A.T., se constata que não se percebe traço da atividade fantasmática. Existe, porém, uma precipitação das conclusões clínicas pouco rigorosas que confunde: "eu não vejo isso" com o "isso não está".

Sem dúvida, foi diante de tal dificuldade que F. Brelet introduziu a perspectiva da pesquisa clínica do narcisismo originando uma ruptura na folha de avaliação T.A.T. (Universidade Paris V -Instituto de Psicologia) na medida em que os itens que ela nos propõe são clínicos e limitam com imprecisão as unidades retóricas nas narrativas colhidas. Essa complexidade de um instrumento talhado até então pela referência do equilíbrio entre o deixar-ir e o controle, ocorre no momento em que a reflexão sobre os estados limites e as perturbações do narcisismo florescem na clínica psicanalítica. Contudo, hoje, muitos clínicos tarimbados podem, nos mesmos protocolos de respostas descritivas e factuais claramente ausentes de toda elaboração conflitiva, concluir sobre a extrema rigidez das operações de luta contra o fantasma ou mais radicalmente sobre a uma falta da capacidade de fantasiar.

O espaço projetivo é tanto realidade objetiva como subjetiva, campo dinâmico no qual as possibilidades de construção da corporeidade e das primeiras relações se encontram e se projetam. Não existe realmente oposição entre a percepção e o fantasma, a questão clínica é, então, a de medir de que modo o fantasma representa um papel perturbador ou regulador da atividade perceptiva e cognitiva.

A clínica projetiva, na França, tem duas referências analíticas: a metapsicologia freudiana e a noção de transicionalidade defendida por Winnicott. Assim, a produção projetiva, a exemplo do objeto transicional encontrado-criado, é investida pela motricidade e pelo fantasma.

A teorização da atividade perceptiva e fantasmática no Rorschach e no T.A.T. pressupõe que se interrogue os três tempos que vão da apresentação do material à resposta: os tempos do Ver, do Fantasmático e do Dizer.

Em direção a uma elaboração crítica

Gostaríamos de retomar esse modelo do processo projetivo referente ao antes e depois. No início, a questão do ver essa atividade pouco descrita quando se refere à pulsão escópica e seu circuito. No final, a questão do dizer e o exame do lugar dado a linguagem nos diferentes momentos da cotação e da interpretação.

O campo do olhar

Propomos trabalhar a expressão "ver uma prancha". Isso não basta. Parece-nos difícil posicionar-nos ao mesmo tempo numa referência psicanalítica, metapsicológica, sem perguntarmos sobre o investimento pulsional parcial que essa função do Ver conhece. Existe nele, creio, um atraso da literatura em psicologia projetiva em relação àqueles que, de K. Abraham a J. Lacan, propuseram extensas e preciosas teorizações da pulsão escópica. Foram feitas pesquisas mais profundas sobre a sensorialidade no Rorschach (Grupo de Pesquisa em Psicologia Clínica Paris V), porém embora se tratassem de pesquisas ou de referências de uma grande pertinência clínica, a verdade é que um dos termos fundamentais da situação Rorschach foi deixado na penumbra pela construção teórica contemporânea.

Propomos retomar a questão do elo entre o percebido e o fantasiado. A experiência subjetiva de ver, na representação clássica que fazemos hoje da prova Rorschach, se inclinou para um modo de tomada de consciência, de contagem de índices, que permitem que se façam marcações na via que conduz traços mnêmicos ocultos na resposta expressa. Entretanto, gostaríamos de poder situar em alta a interpretação psicanalítica dos protocolos, uma desconstrução teórica do escópico.

O exemplo do Rorschach

Seria inútil apresentar o Rorschach insistindo no aspecto vazio e impreciso dos estímulos propostos. Recentemente (1981), Nina Rausch de Traubenberg retomou a análise de dez pranchas segundo a tripla dimensão das características objetivas, da solicitação simbólica latente privilegiada e da tonalidade emocional. O apelo ao corpo que o instrumento Rorschach provoca é acentuado por esta gama de contrastes entre o cheio e o vazio, entre o vazado e o compacto, ao redor da simetria, como mostra a sucessão das pranchas 2 e 3 ou das pranchas 6 e 7.

Porém, se a imagem do corpo é o modelo da unificação antecipada que ordena a pacificação da motricidade sob o escopo da Gestalt, não devemos esquecer que, embora para o psicólogo da forma a imagem é plena e inteira, para o psicanalista ela é precária e vazada. Precária, na medida em que as operações de reunião não esgotam a ameaça psíquica de desmembramento, ameaça que dará sua densidade imaginária à angústia de castração, vazada porque sujeita à intencionalidade meticulosa pulsional situada fora. Para a economia psíquica inconsciente, estímulos como as manchas Rorschach podem produzir um aumento de material especular, de um excesso de corporalidade.

Nesse aspecto, o uso do termo corpo, nas referências feitas por Nina Rausch de Traubenberg, é freqüentemente ambíguo, quando ela fala dessa "presença de uma imagem de corpo integrado testada no Rorschach". Tal afirmação constitui uma provocação produtiva para a pesquisa, sem dúvida. A grelha de representação da imagem de si mesmo é um instrumento clínico no qual, ao lado das inevitáveis amarras do psicograma baseado em índices cuja realização deve muito à psicologia da forma, as respostas "Rorschach" dão lugar a um ponto de referência destas imagens do corpo no sofrimento ou na exaltação narcísica primária ou secundária. Mas, enfim, de que corpo se trata quando falamos da imagem do corpo: do corpo pulsional, do corpo sofredor, do corpo proprioceptivo? Temos a impressão de algumas confusões entre uma concepção "gestáltica" do corpo e uma concepção psicanalítica do corporal pela qual essa famosa imagem do corpo está longe de ser apenas um reflexo fechado sobre si mesmo.

No Rorschach, a operação de responder cria uma série de operações de reunião de sinais esparsos sobre um fundo de castração da força toda-poderosa do olhar. Apresentamos a hipótese de que a operação de reunião no modelo de manchas esparsas é análoga, homogênea, às operações psíquicas de constituição da reunião da primeira subjetividade: os traços e os relevos visuais e sonoros do rosto, percebidos inicialmente no outro primordial, a mãe, antes de ser introjetados e depois projetados na precipitação da imagem de si mesmo, a que o espelho garante e impõe. No Rorschach, o olhar, captado por essas massas difusas, não serve imediatamente de ponto de referência de um corpo ou de uma imagem de corpo.

É precisamente a partir dessa incapacidade de reunir em boa forma sobre um fundo, que nos alertam sobre os pacientes com psicose.

O ensinamento que o clínico pode receber desses pacientes se refere à clínica do visual. Produz-se, então, por emergências ou por fases, uma dissociação da função do Ver em que ocorre uma divisão entre o olho e o olhar. A fonte mesma do visual pode ser transferida do olhar para surgir noutro ponto do espaço, a mancha de tinta toma o lugar, em tais momentos, do Olho primordial, de lugar do visual. O estímulo Rorschach possui um efeito desestabilizador quando o corpo é invadido pelo espaço.

Um exemplo clínico

Nesses momentos da angústia projetiva, nos quais ocorre como um esforço para tornar louca toda tentativa de co-construção do visual, esses pacientes nos fazem sentir esse ponto de oscilação em que não é mais um sujeito que olha a prancha quando ele é visto por ela. Vamos citar o exemplo de respostas às pranchas II e III dadas por uma paciente melancólica:

> Pr II - Ela rejeita a prancha, levanta os ombros, a pega novamente: "Isso, vá depressa... Tudo isso junto, não é verdade,+++. O avião e a luz vermelha,+++ pare, eu paro, não eu continuo,+++ mas suas pranchas são chatas +++ você tem idéias gozadas, você é psicólogo?+++ Você confunde tudo, você mistura tudo, não encontro mais +++ Por que há luz em volta desse buraco? E isso o que é?+++ o Sagrado Coração?"

> Pr III - "Eu diria duas formas de gêmeos que se divertem como gnomos decepados. Esse grande volume vermelho, o que é? O que você pôs no vermelho? Eu sei, é a orquestra vermelha, +++ é uma espécie de espião +++ Há sangue, sangue do estômago daqueles que querem comer esses pequenos gêmeos, sangue do estômago de canibais."

Certamente, a forma particular de sobreposição de imagens do discurso maníaco se estende na logorréia, nas associações curtas, nos conteúdos anxiolíticos liberados, na inversão do humor. Mais além dessa referência semiológica são descobertos outros traços sobre a importância projetiva do movimento transferencial. Essa intensa projeção se situa num campo em que a perturbação do curso do pensamento deve ser atribuída à presença intrusa de um outro. É também a possibilidade que o psicólogo tem de construir seu próprio investimento do visual das pranchas que é posto em perigo por esse paciente. A importância projetiva da transferência revela a crise do visível introduzida pelo Rorschach. O que é patológico nessa paciente não é o fato dela perceber uma má forma, mas dela estar impregnada pela desmontagem do escópico, dela congelar à sua maneira uma das nuvens. A percepção gira em torno de um buraco, depois mergulha numa montagem catastrófica na qual se encaixa o de dentro e o de fora.

A expressão pulsional divide e depois dilui a imagem. As associações cessam por causa dessa efusão de cor em que continente e conteúdo se confundem. Somente um ponto subsiste e congela o traço do sangue de um "estômago de canibais", tornando o suporte da pulsão capaz de devorar o que foi visto numa fragilidade especular. Esse ponto de mergulho põe fim a esse deslocamento em que a primeira associação é incorporada e apagada pela segunda. A cor pura, na sua volta, força o campo visual e projetivo no qual a representação perde vitalidade e depois se esvaece. Esta resposta é duplamente vazada. O sujeito é olhado, mesmo que ele não olhe, e onde ele é olhado existe um buraco.

Pode-se objetar que não haveria interesse em trabalhar o campo do Ver em função das pulsões parciais a não ser no caso de psicóticos. Preferimos pensar, de maneira mais ampla, que os protocolos de psicóticos constituem uma fonte de informação importante, mais além da psicopatologia, sobre as desmontagens estruturais das pulsões mobilizadas numa situação em que é preciso, como no Rorschach, para um sujeito responder a aquilo que o provoca a dar corpo e a fazer sentido.

As condutas verbais

Enfim, nos resta examinar a formalização desse tempo do final do fantasmático: o Dizer.

Embora a utilização da referência psicanalítica seja importante, ela vai encontrar um limite, porém, no uso e na elaboração.

Com efeito, as condições de deslocamento da palavra são pouco levadas em conta pelas grades de marcação. Os itens utilizados conduzem às perturbações da expressão – imprecisão do discurso, lapsos verbais – a emergências em processos primários (T.A.T.); quanto às cotações Rorschach, elas só se preocupam com a imagem associada. Desse modo se cotejará indiferentemente respostas humanas sem levar em conta o sexo, a postura, a fantasmática associada. Igualmente, duas respostas como um "tapete de pele de leão" ou um "tapete feito com a pele de um leão" recebem a mesma cotação embora na primeira formulação não exista continuidade nem de consciência das bordas nem dos limites da projeção da superfície corporal, enquanto que essa continuidade cingida da superfície está explícita na segunda resposta.

Poderíamos multiplicar os exemplos. É a pobreza sintática que o Rorschach impõe por suas instruções que torna mais útil uma análise precisa da esfera semântica que envolve a resposta, quando o protocolo é revestido da grossa camada das cotações.

Precisaríamos, sem dúvida, voltar à reflexão de uma constante generosidade clínica de F. Minkowska, que foi a primeira a insistir no estudo essencial da linguagem do sujeito. Além disso, após os estudos da lingüística estrutural de Martinet, na França, o laboratório de Psicologia da Clínica Psiquiátrica de Estrasburgo dedicou-se a esse trabalho. E é exatamente em Estrasburgo, no Simpósio anual de 1968, que o Dr. Cosnier expôs a nova codificação das respostas Rorschach, em:

Q- Respostas questionantes

D- Respostas designantes (designam sem interpretação)

E- Respostas expressivas

F- Respostas interpretativas, referentes.

Se nos nossos dias permanece a idéia de que o conteúdo da reposta representa o fantasma e a linguagem representa a defesa, essa afirmação está longe de ter um valor operatório na prática diária, porque ela reduz o fantasma à sua desnudação e a linguagem a uma produção de sinais e não de significantes.

Sem uma boa análise da linguagem, a interpretação dos conteúdos corre o risco de se parecer à interpretação de fantasias inconscientes, sendo que a tematização dos conteúdos inconscientes fazem seu efeito de retorno no método da interpretação de um protocolo. Para nós, seria fazer um uso errôneo dos conceitos psicanalíticos o fato de querer atribuir um sentido latente qualificado como "simbólico" à cada resposta, à cada promessa de fantasia contida em uma resposta. É esquecer que o domínio do simbólico se constrói e não aparece nem como uma finitude nem como um dado inicial. É mesmo um contra-senso clínico pretender, no Rorschach, tematizar os conteúdos sem se preocupar com os índices da projeção da integridade da imagem do corpo, como pretender no T.A.T. resumir as temáticas sem se preocupar com a economia inconsciente subjacente às figuras do discurso nas quais esses procedimentos se sobrepõem aos procedimentos de simbolização, de proibição ou de distanciamento.

Freqüentemente negligenciados, os trabalhos sobre as gramáticas de enunciação (equipe de Genebra de Rossel, Husain e Merceron) permitem evidenciar o caráter polissêmico de qualquer enunciado e contribuem para a compreensão da palavra, ao mesmo tempo, como ato e como ação sobre o outro.

Conclusões

Muito recentemente, vemos se esboçar um renovado brilho na utilização e na teorização dessas técnicas. Aparecem as pesquisas outrora marginais ou deixadas de lado, sobre os tempos de aumento e diminuição do fantasmático que são particularidades pulsionais do Ver e do Dizer. É por isso também que as pesquisas recentes sobre a antinomia ou a complementaridade do Rorschach e do T.A.T. são muito importantes para nós. O T.A.T. que solicita, além disso, a conflitualidade edipiana nas suas referências identificatórias e relacionais, recebe do Rorschach outros dados clínicos sobre pôr à prova os limites e a constituição de um narcisismo primário, tempo em que se sobrepõem, não sem precariedade, as diversas quebras da imagem do corpo.

Essas duas provas, lidas juntas, o que é indispensável para um relatório clínico, abrem um grande campo à dialética do funcionamento psíquico, no qual o investimento libidinal reflui sobre o dentro, e o fora está desqualificado, sob risco de tornar-se o lugar da projeção da desestabilização e da violência interior.

Não é sem interesse que notamos que a clínica das crises (estados-limites, adolescência, depressão) atualmente aparece na literatura sobre o Rorschach e/ou o T.A.T., como se assistíssemos a um deslocamento dos objetos da pesquisa. Do procedimento diagnóstico servil da psiquiatria, a psicologia projetiva volta seu interesse para onde as dificuldades, ou os impasses da circulação econômica das construções psíquicas internas, mostram a fragilidade das construções próprias de um indivíduo. A dimensão coletiva, o peso do social é, por sua vez, concernentes. Existiria, graças a esses métodos, a esperança de ver surgir uma metodologia da pesquisa clínica da transicionalidade?

# Terceira Parte

Mudanças de Posição, Tomada de Distância

A QUESTÃO DA CONTRATRANSFERÊNCIA NA PESQUISA

por Fethi Ben Slama

O PROBLEMA

A questão que se coloca é a seguinte: por que se fala da contratransferência na pesquisa?

Quando uma noção como esta aparece fora de seu contexto inicial, devemos nos perguntar o que ela significa? Anunciaria o aparecimento de problemas novos na pesquisa, o que significa que tratamos de dar-nos conta de algum fato que não foi nomeado até este momento? De que se trata? A que necessidade responde o uso de um termo que designa um fenômeno em trabalho na prática terapêutica, para conduzi-lo ao domínio da prática dos saberes?

Isso coloca problemas geralmente ligados às relações que a psicanálise mantêm com as ciências humanas e com a pesquisa científica.

Podemos nos perguntar também se não se trata de um deslocamento conceitual como vimos há um certo tempo e que são puras aplicações teóricas em nome de uma pseudo pluridisciplinaridade que se assemelha mais à "ortopedia" disciplinar. A psicanálise contribuiu muitas vezes nesse sentido.

Em resumo, será que a noção de contratransferência do pesquisador corresponde a um verdadeiro problema, ou a um problema malcolocado? Creio que adiantamos uma resposta disponível a uma questão que não está suficientemente cercada e explicitada.

Nessa pesquisa, eu utilizei três fontes:

- Os textos analíticos e mais particularmente a obra de G. Devereux, *Da angústia ao método* (1980), que vou discutir aqui. É, com efeito, o primeiro livro que põe em jogo de modo sistemático a noção de contratransferência do pesquisador.

- A experiência de um certo número de pesquisadores: tive a ocasião de ouvir pesquisadores – do CNRS, da universidade e de outras instituições – falarem da relação que suas pesquisas, em domínios tão variados como a sociologia, a psicologia, a etnologia, a literatura, e também a biologia, a física e a matemática, mantêm com a sua experiência de análise. Estes testemunhos eram freqüentemente acompanhados de exemplos tomados das suas experiências.

- A minha própria experiência.

Começarei por lembrar rapidamente os dois últimos pontos para sublinhar alguns aspectos surpreendentes, depois eu centrarei esse estudo em uma leitura da obra de G. Devereux (1980).

Para muitos pesquisadores que escutei, sua passagem pela experiência da análise modificou sua relação com a pesquisa e com a ciência, no sentido que eles não podem mais deixar de levar em conta, em seu trabalho, os efeitos do inconsciente e, para começar, de seu próprio inconsciente.

Isso deve ser tomado como uma constatação que os leva a colocar questões tanto do lado da ciência como do lado da psicanálise.

Mencionarei muito particularmente um aspecto que diz respeito à posição de trabalho do pesquisador, posição que se caracteriza por uma incerteza quanto aos postulados mais aceitos na sua disciplina. Isso é impressionante, sobretudo quando se trata de disciplinas como a matemática ou a física. Resumo essa incerteza em uma frase: quando eu busco, eu observo, eu anuncio, eu não posso mais pressupor as mesmas fontes a esse pesquisar, observar, enunciar, a não ser no quadro da epistemologia clássica. Isso leva a considerar a unidade e a soberania daquele que pesquisa-observa-enuncia sob um outro ângulo que aquele do domínio de um poder mental que ilumina territórios, espécie de umbigo que seria um lugar onde se encontrariam as investigações racionais universais e a imaginação criadora cujas raízes estão no sujeito singular.

Isso porque esses pesquisadores não abandonam o quadro da epistemologia clássica e as práticas dos conhecimentos positivos. Com certeza, eles aí se mantêm, mas operam ao mesmo tempo um questionamento que não pode ser pura e simplesmente qualificado "de experiência pessoal" ou "subjetiva", e mesmo mística.

A noção da contratransferência poderia nomear essas passagens, essas inserções, uma experiência de pulsações entre uma objetivação subjetivante e uma subjetivação objetivante no próprio campo da ciência.

Esses são apenas alguns elementos de uma reflexão sobre essas experiências no momento subterrâneas, no coração da pesquisa científica da nossa época.

No que concerne à minha própria experiência, que me levou a me interessar pela noção da contratransferência na pesquisa, eu a resumo desse modo:

Trabalhando em pesquisa do tipo clínico, pareceu-me que as noções psicológicas existentes, que tratavam de dar conta de certos fenômenos nas situações de observação, tal como "a implicação", tinham se tornado insuficientes. A noção de contratransferência pareceu-me permitir realizar um passo suplementar na consideração e elucidação desses fenômenos

CONTRATRANSFERÊNCIA E IMPLICAÇÃO

A diferença parece ligar-se a essa máxima de Francis Bacon: "a verdade emerge mais facilmente do erro do que da confusão". Existe, com efeito, uma diferença bastante clara entre o pensamento psicanalítico e o pensamento psicológico.

A implicação, tanto pela sua etimologia como pela sua utilização na psicologia, conota o fato de uma confusão nas situações humanas entre observador e observado (eu conservo aqui a terminologia habitual), mais precisamente uma perturbação nas demarcações inicialmente estabelecidas dentro de um dispositivo cuja função é a captação de fatos. A confusão e a perturbação constituem um obstáculo do qual devemos tomar consciência a fim de neutralizá-los e de melhor utilizá-los para um maior engajamento na situação.

Do ponto de vista psicanalítico, os processos em trabalho nas situações de encontro nas quais existe participação do conhecimento, resultam qualquer coisa que está na base do sujeito humano, que está no registro do desprezo, um desprezo que é a verdadeira fonte de um conhecimento particular.

A técnica reside na tentativa de analisar esse desprezo que não é o privilégio ou a desgraça de um dos termos da situação, mas de todos.

Se analisamos essa especificação da transferência e da contratransferência junto à idéia do desprezo, imaginamos as dificuldades que isso coloca: basear um conhecimento a partir do desprezo expõe a verdade científica a um estatuto verdadeiramente aleatório, ao acaso. Confiar-lhe a ciência é confiar à possibilidade de uma ciência impossível.

Porque nos juntaríamos a essa opinião, a menos que consideremos que o projeto da ciência – mais especialmente das ciências do homem – não é o de conhecer a essência das coisas, em cujo caso evitaríamos também chegar à essência do desprezo.

Se o desprezo reside nessa atitude de tomar uma coisa por outra, é por isso que dispomos de um poder – que pertence a todo ser humano –, o imenso poder de comentar sobre o que encontramos, as marcas do que nós somos.

Essa orientação me parece mais de acordo com a idéia de que a ciência não é uma questão de aplicação da prova, como se procura reduzi-la – senão a teoria da relatividade de Einstein seria pouco científica, se consideramos que a maioria de suas predições não foram comprovadas –, mas um procedimento de demonstração que põe em jogo um tipo de causalidade particular, cuja regra mais importante é dizer como se chegou a obter o que foi obtido. Dito de outro modo, responder à questão: de onde você tirou que você progrediu, qual é a fonte desse conhecimento; você é capaz de reconstituir o caminho percorrido?

Assim, a noção da contratransferência e a exigência da sua análise parecem estar mais próximas da causalidade científica assim entendida.

Estabelecidas essas premissas, eu gostaria de me dirigir à leitura da obra de G. Devereux, que põe em jogo essa noção de maneira mais sistematizada.

A CONTRATRANSFERÊNCIA, SEGUNDO G. DEVEREUX

Por leitura, eu não quero dizer fazer um resumo, mas interrogar o texto nos seus fundamentos, na genealogia do seu pensamento, o que o possibilitou, a respeito daquilo que ele propõe sustentar no seu contexto limitado e em relação ao campo epistemológico das ciências humanas, pois esse era seu objetivo. Veremos, porém, que esse objetivo tem um alcance ainda mais geral, o das raízes do conhecimento científico.

É preciso inicialmente destacar que o essencial desse livro e da tese que o autor nele sustenta foi elaborado no final da década de 1930, como ele mesmo diz em várias ocasiões. Com efeito, encontramos em várias obras da época elementos dessa tese, antes de seu agrupamento nesse livro em questão.

Eis o principal argumento:

"Freud estabeleceu que a transferência é o dado mais importante da psicanálise, considerada como método de pesquisa. À luz da idéia de Einstein pela qual nós só podemos observar os acontecimentos 'acontecidos junto do observador' (...) eu afirmo que é a contratransferência, mais do que a transferência, que constitui o dado mais crucial de toda a ciência do comportamento, porque a informação fornecida pela transferência geralmente pode ser igualmente obtida por outros meios, mas não ocorre a mesma coisa com a que se dá na contratransferência" (Devereux, 1980, p.16).

A década de 1930 é um marco histórico importante para situar o contexto e também o fundo e a forma do trabalho, as contribuições teóricas que ele sustenta.

Lembremos inicialmente que o livro está dirigido aos pesquisadores de ciências sociais impermeáveis ainda às idéias de inspiração psicanalítica, daí essa multiplicidade de observações, de exemplos e contra-exemplos. Parecem, hoje, batalhas pelas evidências, o que não era o caso da primeira metade do século.

É preciso lembrar também que na época os psicanalistas falavam pouco da contratransferência e por esse motivo o próprio Freud não deu a essa noção o desenvolvimento que a transferência teve posteriormente. As referências à contratransferência na obra de Freud são pouco numerosas.

Para Devereux, a tese da contratransferência do pesquisador é inicialmente o produto de um deslocamento da cura em direção às ciências do comportamento, como diz o autor.

A palavra "comportamento" indica que não estamos no campo da palavra, mas do ato, e mais precisamente da experimentação, o que modifica singularmente o problema. Porque nas chamadas ciências do comportamento não temos ligação diretamente com o processo de enunciação, mas com o agir. É o material principal do observador. Com efeito, este vai construir enunciados sobre o agir, que ele pode observar e captar num dispositivo, ali ou na cura; são enunciados, enunciados sobre os enunciados e o processo de enunciação que estão em jogo.

Em princípio, não se pressupõe que o observado nas ciências do comportamento produz enunciados do mesmo tipo que o observador:

ele diz por seu comportamento, mas ele não tem o que dizer; e isso mesmo quando o comportamento em questão é de ordem verbal.

Que quer dizer? Que o observado é tomado em um dispositivo de captação e de registro que limita o número de enunciados e de enunciados sobre os enunciados, para que o observador controle o processo, o detenha e se reserve a última palavra.

Entretanto, o autor vai demonstrar no interior desse quadro controlado, que a reciprocidade desempenha um papel ("o observado observador de seu observador"), à custa deste último, e que esse fato suscita nele reações que as qualifica de contratransferenciais. Em resumo, ele tenta desalojar o observador de um lugar que estaria ao abrigo, onde somente se aproveita o observado, mostrando exclusivamente as manipulações que ele faz.

Podemos dizer que Devereux modifica a fonte do conhecimento nas situações de observação, para mostrar que elas são localizáveis naquele que acredita que elas se localizam no outro.

A sua preocupação não é exclusivamente de ordem ética – um certo humanismo está presente – mas, sobretudo, ele quer mostrar que, quando se trata "do ser humano vivo", não existe um fora absoluto para aquele que faz ciência e que na situação de observação as demarcações fixadas no início são móveis.

As 450 observações produzidas pelo autor são todas nesse sentido; elas mostram que considerar essa reação do observador pelo fato de ser observado por quem ele observa, e que ele é capaz de induzir nele atitudes e enunciados à custa dele, é a fonte de descobertas e de criatividade.

A tentativa de Devereux pode ser compreendida em um contexto interdisciplinar e podemos pensar que ele procurou no fundo estabelecer as premissas de uma teoria geral das fontes do conhecimento científico.

O deslocamento que ele realiza se apóia, por um lado, na física (o autor é, na verdade, um físico) e, por outro lado, na etnologia (ele é também etnólogo). Como e por que unir essas disciplinas à psicanálise (Devereux foi também psicanalista) pela noção da contratransferência?

O começo do século viu nascer a relatividade e a física quântica que provocam uma perturbação importante em relação à posição do observador em um universo relativisado.

A física dos quanta mostrou com Heisenberg a indeterminabilidade (e não a indeterminação) de certos fenômenos intra-atômicos, que não podem ser medidos sem ser modificados, durante o processo de observação e de medida. É uma revolução que leva a uma outra lógica no pensamento científico, em relação àquela que prevalecia no modelo newtoniano. Devereux tira da teoria quântica alguns princípios não-dialéticos como a complementaridade e o princípio da incerteza.

Entretanto, as ciências do comportamento no seu conjunto adotaram o modelo da mecânica newtoniana do século 17, que não leva em conta o lugar do observador, pois no seu sistema a posição do observador não modifica em nada os resultados da observação, ou seja, o observador está postulado como a soma de todos os observadores possíveis. A psicologia, a sociologia e outras disciplinas trabalharam – e continuam em grande parte o trabalho – com a idéia de um conhecimento que seria produzido por esse observador ideal.

Devereux procurou questionar esse modelo nas ciências humanas, em uma época na qual dominava. Teria podido contentar-se em introduzir no seu lugar o da relatividade e o da física quântica, mas a substituição de um modelo fisicalista por outro, de epistemé a epistemé, não era seu objetivo.

O que sempre o interessou foi a questão do encontro das disciplinas, encontro que, para ele, não deve ser aleatório, mas baseado em regras e métodos. Ele via, na pluridisciplinaridade, uma ciência.

Ele vai procurar também o encontro não no nível de epistemés ou de teorias, mas nesse ponto preciso em que os fatos se transformam em dados, no nível dessa decisão que se toma em dois tempos: "é isso que eu percebo" (primeiro tempo), "e isso quer dizer que..." (segundo tempo). Poderíamos dizer que sua preocupação é o entretempo da medida ou da apreensão em direção à decisão seja o tempo da constituição e o da emergência dos enunciados científicos.

Para a teorização desse tempo de passagem, ele pede ajuda à física quântica, à etnologia e à psicanálise, por motivos que se ligam à evolução comparável do seu modelo respectivo do conhecimento; e no caso da psicanálise, à descoberta dos fenômenos-fontes desse conhecimento no psiquismo humano, em situação de interação. A noção de contratransferência parece permitir-lhe essa aproximação, que não é concebida em proveito da psicanálise. Esta teria, de algum modo, localizado e identificado os fenômenos ao nível do sujeito do conhecimento, o que os outros descobriram no plano de seus objetos.

Um movimento do pensamento geral

Com efeito, paralelamente à transformação surgida na física, ocorreu um movimento crítico decisivo nessa época, na década de 1950, com o aparecimento de *Tristes Trópicos*, de Claude Lévi-Strauss (1955).

Tristes Trópicos é a ilustração do questionamento do conhecimento sobre o outro, sua redução, sua manipulação, sua destruição em proveito de agentes idealizados desse conhecimento. É uma interrogação paradigmática sobre o outro como objeto de um conhecimento de Homem ao Homem, que critica radicalmente a posição da soberania do observador na sua finalidade e nos seus métodos.

Entrevemos aqui os pontos de aproximação entre o questionamento do observador físico e do observador etnólogo. É como se as conseqüências desse duplo des-centramento encontrasse sua formalização e sua tradução na escala intersubjetiva e intra-subjetiva no modelo psicanalítico.

Tratemos de abordá-los melhor.

Segundo Einstein, em cada experiência existem dois acontecimentos, um do lado do observador, outro do lado do observado. Esse enunciado sobre o qual se apóia G. Devereux significa que só se pode observar cientificamente os acontecimentos acontecidos junto ao observador no aparelho de experimentação. Digamos de um modo geral, no dispositivo destinado a captar um fato que se quer transformar em um dado científico.

Um dos pontos de aproximação tentado por Devereux é a assimilação do que ocorre do lado do observador durante a transferência e contratransferência do analista na cura. Assim, o enfoque é posto sobre o observador, que se torna o centro e a fonte mais importante da produção do conhecimento, e não mais o observado e as manipulações que ele sofre. Essa centralização sobre o observador é, na verdade, paradoxal, porque orienta o enfoque em sua direção para descentrá-lo, para afirmar a relatividade daquilo que ele produz.

Do lado da etnologia, ocorre o mesmo movimento, embora em uma outra linguagem.

A etnologia é a matriz das ciências humanas. Com ela o pensamento ocidental vai abandonar sua habitação, sua familiaridade, "seu interior" para ir ao exterior, tornar-se estrangeira a si mesma. Pela distância, criada na procura de saber o que é o outro, ela pode ter sobre si mesma um discurso de caráter científico. Podemos dizer que a história é a ciência das ciências, seria então necessário acrescentar que o pensamento ocidental dobra no espaço, com a etnologia, o que ela atingiu no tempo com a história: duas formas de exotismo que visa ao conhecimento pelo conhecimento. O de fora é sinônimo de realização de um projeto metafísico do conhecimento absoluto.

Esse movimento: dentro-fora-dentro que é o motor das ciências humanas começou a ser pensado tardiamente. A ultrapassagem das fronteiras, seus efeitos, suas conseqüências estavam longe de ser levadas em consideração.

Entretanto, a partir da década de 1930, e de modo mais garantido depois da guerra, é que essa questão vai passar progressivamente ao primeiro plano do pensamento. Além disso, a constatação de que o observador-etnólogo diminui seu objeto, o destruía, ele não podia mais colocar ao abrigo as categorias com as quais ele pensa o outro, fingindo que elas são todo o horizonte do pensamento e do pensável.

Presenciamos, ao mesmo tempo, uma reabilitação do outro como objeto do projeto etnológico: é a etnia ocidental que observa e diz alguma coisa sobre a etnia X. O projeto da ciência torna-se este: é preciso pensar sua própria maneira de pensar em relação ao outro, como condição da ciência.

Chegamos, desse modo, à mesma idéia que na física moderna: é do lado do observador que é necessário compreender o que ocorre, pois aí está a condição para compreender o que se produziu como conhecimento.

A consciência de que o conhecimento é uma forma de negação do outro por meio do que "eu sou", e que a ciência reside na compreensão de como "eu me torno" a negar afirmando algo sobre a alteridade do outro, isso pode ser talvez o novo paradigma para o qual tenderam duas disciplinas tão diferentes como a etnologia e a física. Devereux pensou que a contratransferência na psicanálise é a forma mais bem terminada desse enunciado.

CONTRATRANSFERÊNCIAS E TRANSFERÊNCIAS MÚLTIPLAS

Nessa perspectiva, a obra em questão aparece como um inventário de muitos traços da identidade do pesquisador, afirmador de si, negador do outro: a profissão, a identidade sexual, a cultura, a idade, o modelo teórico soma-psique, etc., também são sistemas de valor contratransferencial.

Poderíamos reunir em três categorias o que seria "a contratransferência" ou a matéria da contratransferência:

- aquilo que pertence à identidade singular do pesquisador,
- aquilo que pertence à identidade coletiva do pesquisador,
- aquilo que pertence à sua teoria, à sua ideologia.

A questão é, certamente, saber se essa interpretação está ainda bastante próxima daquilo que entendemos por contratransferência na psicanálise.

O autor não dá uma definição precisa dela. Ele se contenta em dizer que é a mesma coisa que a transferência, com exceção que é reativa à transferência do outro.

A questão ressoa do lado da psicanálise: que entendemos por transferência e contratransferência?

Se analisamos os textos, chegamos à conclusão de que não existem fenômenos que não sejam, em psicanálise, do domínio da transferência e da contratransferência: falamos de transferência entre universo (intra-subjetivo/intersubjetivo), entre sistemas (Cs, Pcs, Ics.), de transferência de representações de pessoas, de relações, de protótipos, de instâncias, etc.

Poderíamos tentar classificá-los em três níveis de organização:

- nível 1: transferência de representações e de afetos;
- nível 2: transferência de pessoas.
- nível 3: transferência de estruturas.

Podemos pensar que o nível seguinte retoma, em sua linguagem própria, as qualidades do nível precedente. Mas onde se classificará, por exemplo, o sonho, que é segundo Freud, um dos campos dos movimentos transferenciais?

Podemos então perguntar-nos se a transferência e a contratransferência não são noções que podem admitir tudo, e por isso impróprias a qualificar com precisão qualquer coisa que interesse à ciência. De nossa parte, nós nos orientamos em direção a uma outra hipótese de trabalho. A transferência designa menos fenômenos que estariam em trabalho no campo das relações humanas, como se diz, do que alguma coisa que tenha um estatuto de quase realidade, que desborda então o domínio analítico. Por esse fato, todo ser humano tem a tendência a transpor sobre aquilo onde ele encontra traços do que ele foi e do que ele é.

Se refletimos sobre as conseqüências desse "transpor traços", podemos considerar que se trata do domínio da transcrição, ou seja, da escritura e de sua decifração. E como Devereux procurou sustentar, essa realidade está no centro da pesquisa e da ciência. Desta forma é em direção a uma epistemologia da escrita que devemos nos orientar, escrita como fonte de conhecimento científico, e não somente como suporte e como modo de conservação-transmissão da ciência, como entendemos hoje, em um sentido certamente estreito.

Devereux procurou mostrar que essa realidade existe no quadro da observação comportamental e dos conhecimentos positivos de uma época. Ele não nega que seu interesse exclusivo pelo objeto, pelo observado, produz um certo tipo de conhecimento, mas ele designa no âmago de seu dispositivo um outro lugar que constitui uma outra fonte de conhecimento.

Assim, a epistemologia deve enfrentar a idéia de dois lugares do conhecimento que se definem menos em termos de objetos do que em termos de fontes de conhecimento, segundo o tipo de abordagem e a orientação do enfoque dirigidos ao lugar onde se constituem os enunciados da ciência. De um certo modo, o movimento da pesquisa científica deixa de ser circular, para se tornar elíptico, pois a elipse é por definição uma curva que tem dois lugares virtuais.

Não modificamos em nada a definição pela qual a fonte da ciência é a realidade, mas essa realidade parece ter dois lugares virtuais: o primeiro torna real desde que o interesse esteja centrado nos objetos da ciência. O segundo torna efetivo quando o enfoque é voltado para o lado do indivíduo que faz essa ciência: nesse caso, o lugar se denomina "a realidade de transferência".

Penso que esses dois lugares de realidade coexistem e que de nada serve fazer prevalecer um sobre o outro ou utilizar os métodos e os instrumentos de um para reduzir o outro.

É possível também que existam passagens entre eles, se pensamos em alguns exemplos históricos, como o de Newton passando pela mística para descobrir as leis físicas que têm o seu nome. Mas essas passagens são, no momento, obscuras.

Tratando-se da pesquisa em psicologia clínica, os elementos precedentes devem ser reposicionados, de um lado pela relação com os tipos de pesquisas que realizamos e, por outro lado, em função de uma evolução em curso, da abordagem de quadros de observação, assim como das suas conceituações. Porque, evidentemente, a situação atual não pode mais ser abordada nos termos do comportamentalismo, como G. Devereux teve de enfrentar. Da mesma maneira, ocorreu uma sensível evolução que se deu na compreensão da contratransferência que não é mais a reação de um (analista) à transferência do outro (o analisado). Transferência e contratransferência estão também dos dois lados (P. Fédida, 1978, p. 301-329). A questão da escrita teórica representa aí um papel importante.

Observamos que no domínio da pesquisa pública, se faz apelo cada vez mais à psicologia clínica, com o fim de atualizar e de apreender as relações subjetivas de problemas médicos e sociais. Entretanto, essas situações implicam um reconhecimento da intersubjetividade que passa essencialmente pela palavra, que é ao mesmo tempo o objeto e o meio de exploração. É nesse quadro que devem se precisar as técnicas operatórias que sejam aptas ao progresso do conhecimento da "realidade da transferência" na pesquisa.

O PROFISSIONAL PESQUISADOR E O PESQUISADOR INTERVENIENTE

por Alain Giami, Claudine Samalin-Amboise.

A análise das relações entre a prática clínica e a pesquisa é hoje a preocupação do conjunto das "profissões da relação" (cf. *Psychiatrie Française,* maio, 1986: "Entre a teoria e a prática. Funções do pensamento teórico". *Inserm*: "La recherche action en santé", 1985, *Colóquios da pesquisa em trabalho social,* 1983, 1984, 1987).

Essas relações complexas foram analisadas em diferentes níveis.

Inicialmente, é o contexto social amplo no qual essas práticas se desenvolvem que é levado em conta. A pesquisa e principalmente as diferentes práticas de pesquisa-ação (Dubost, 1984) aparecem como um verdadeiro analisador dos manejos que permitem compreender as mutações das profissões que aí se engajam (Martin, 1986). Os psicólogos que acabam de ser dotados de um estatuto profissional que protege seu título, aspiram também a um reforço profissional e a uma legitimação de sua posição profissional por meio da pesquisa (Volkmar, 1986). A análise das relações dos profissionais com a pesquisa é então reposicionada no contexto social com uma dimensão da estratégia profissional dessas profissões. É importante ter em mente que, se esta dimensão pode constituir uma das motivações para a pesquisa, ela a sobrecarrega de aspirações que podem se transformar em obstáculos, pondo em risco a cientificidade das produções. A procura de legitimação nem sempre é a melhor legitimação da pesquisa científica.

Num outro nível, é a dinâmica psíquica e a implicação dos profissionais que são analisadas a respeito do seu "engajamento clínico e teórico na pesquisa" (Avron, 1986). Nesse caso, ainda, se as motivações para a pesquisa constituem um motor fundamental, a situação nova na qual os profissionais se engajem provoca uma "ansiedade fecunda dos inícios" que tende a tornar rígido o funcionamento do pensamento teórico. Esse mal-estar manifesta-se freqüentemente por uma "propensão a utilizar instrumentos padronizados e quantitativos" (Le Poultier, 1985, p. 30). Colocado em situação de pesquisa, "o profissional encontra-se levado a demonstrar a seriedade científica" do que ele empreende; mobilizado na sua interioridade profissional, ele deve defender-se contra aqueles que o taxam de ideologia" (Morvan, 1984). Os profissionais teriam tendência, algumas vezes, a "trabalhar muito" no plano metodológico.

O engajamento numa tarefa de pesquisa, que é freqüentemente encarado com um certo entusiasmo, suscita resistências e movimentos ambivalentes nos profissionais; ao considerá-lo é preciso o emprego de dispositivos de formação para a pesquisa que permitam resolver esses conflitos. Para R. Kohn, esse dispositivo está baseado em colocar paralelamente os procedimentos do profissional e do pesquisador. É o fato de se debaterem juntos, cada um no seu nível, sobre problemas de pesquisa, que permite elaborar e compreender as dificuldades do profissional pesquisador (1986).

Argumento

Nosso objetivo é o de analisar as relações entre a prática clínica (diagnóstico, intervenção ou terapia) e a prática da pesquisa clínica em psicologia sob o ângulo de suas articulações e de suas defasagens.

A análise dos cruzamentos da prática clínica e da pesquisa leva-nos a considerar situações nas quais aparecem variações de investimentos do clínico (pesquisar, para o prático em situação de intervenção e, intervir para o pesquisador em situação de pesquisa) e situações nas quais o clínico se encontra em defasagem em relação à sua prática habitual (quando o prático se encontra em situação de pesquisa ou quando o pesquisador se encontra em situação de intervenção).

Mais concretamente, do ponto de vista do prático trata-se de:

– a tentação de desenvolver uma atitude ou uma "escuta de pesquisa" no próprio quadro da sua prática.

– a reflexão sobre a prática realizada num momento em que está suspensa, e destinada a voltar a ela.

– o engajamento em uma atividade de pesquisa (com ou sem pesquisadores) desenvolvida em um outro espaço-tempo e sustentada pelos os mesmos objetos ou outros objetos do que os que ele pode encontrar na sua prática.

Do ponto de vista do pesquisador engajado num trabalho de pesquisa clínica, a tentação e o deslizamento residem mais na solicitação por uma prática de intervenção mais ou menos "selvagem". Não se trata de intervir ou não intervir, mas de gerar os efeitos de intervenção sem que estes constituam um obstáculo ao seu trabalho de pesquisa. A escolha de uma estratégia "de acompanhamento limitado" (incluindo a não-intervenção) dos processos que surgem e que emergem do quadro contratual se coloca então.

A apresentação rápida desse conjunto de situações coloca a questão da continuidade, da ruptura e da compatibilidade entre a prática (terapêutica e de intervenção) e a pesquisa:

– Passagem à pesquisa nas situações regidas por uma demanda e um contrato do tipo terapêutico ou de formação;

– Passagem à intervenção nas situações iniciadas pela demanda do pesquisador com o objetivo de produção de conhecimentos.

A transgressão desvela os movimentos de investimento do clínico quando este se aventura em territórios que não são de seu domínio, mas também sua atitude de elucidar as regras que estruturam as situações com o fim de adotar os métodos adequados.

Finalmente, essas situações levam também a colocar a questão das relações e das transações entre profissionais e os pesquisadores confrontados em uma prática comum. A produção deste texto, como tentativa de escritura comum a uma profissional pesquisadora e um pesquisador, dá um testemunho disso.

O PROFISSIONAL PESQUISADOR

Os quadros de exercício da profissão de psicólogo são extremamente variados segundo quem trabalha no campo da prevenção, do cuidado ou da formação. Os lugares de sua prática são também diversificados, trate-se de uma prática que se desenvolve no quadro do hospital psiquiátrico, nas consultas em dispensário, nas instituições para crianças, adolescentes ou adultos, nos serviços de AEMO, d'ASE.... ou em consultório particular.

Os métodos que o psicólogo utiliza para apreender o sofrimento do outro são igualmente numerosos, trate-se da relação de ajuda, de conselho, avaliação das atitudes ou de psicopatologia, de terapia de inspiração analítica, de análise institucional, de psicodrama de grupo com finalidade terapêutica.

O psicólogo então sempre se confronta com a questão relativa à sua conduta e às suas intervenções com o objetivo de avaliar a sua pertinência e de reajustá-las. Essa questão fundamenta e engaja a sua reflexão.

Tentaremos mostrar como se dá essa reflexão e formulamos a hipótese de que:

– a reflexão constitui um dos instrumentos necessários para mediar a relação entre o profissional e o(s) indivíduo(s);

– ela pode igualmente originar um questionamento de pesquisa;
– a prática clínica e a pesquisa alimentam-se e enriquecem-se. Suas interações podem ser fonte de superposições e de deslizes.

Esse trabalho vai tentar dar conta desses distintos movimentos. na primeira parte, trataremos da reflexão saída da prática; na segunda parte, abordaremos as superposições e deslizes entre a prática e a pesquisa.

A REFLEXÃO SOBRE A PRÁTICA

A reflexão: Um instrumento contra a angústia

O encontro entre o clínico e seu paciente representa uma situação singular. O profissional funciona como receptor da demanda e do sofrimento do outro. Ele percebe as emoções e os afetos ligados ao discurso do paciente sobre sua vivência, que são geradores de angústia.

A angústia tem graus de intensidade diversos, segundo ela faz eco à própria problemática psíquica do clínico, à sua experiência profissional ou a casos relatados na literatura.

A angústia neurótica pode ser dominada pelo clínico, embora quando ela signifique pôr em jogo a vida do paciente, o profissional não pode deixar de se sentir atingido tanto pessoal como profissionalmente.

A angústia psicótica, desestruturante para o paciente, tende a atingir igualmente o profissional nos seus processos defensivos e intelectuais; à medida que ela explode sem que ele possa, em certos casos, compreendê-la, a angústia invade os dois indivíduos.

O efeito de destruição e de captação que nasce do trabalho sobre a relação e com o sofrimento do outro tende a esgotar as fontes psíquicas do clínico. A angústia transferida do paciente ao profissional pode quebrar as defesas deste último e levá-lo a questionar as modalidades do seu atendimento. Em todos os casos, a angústia o questiona profundamente ao mesmo tempo sobre o funcionamento psíquico e sua existência (Aulagnier, 1982). Um dos meios que o clínico dispõe para conservar, mais além da angústia, a integridade de seu funcionamento psíquico e intelectual está situado na reflexão.

A reflexão tende a limitar a problemática enunciada pelo paciente e realiza uma análise dos seus processos psíquicos. Ajudando o paciente a tomar consciência das causas do seu sofrimento, a reflexão funciona como meio de se desembaraçar da influência que a angústia exerce nele.

A reflexão e a dúvida

O pensamento reflexivo, ao ser elaborado, volta-se sobre si mesmo. No momento ou imediatamente depois surge a dúvida (Lacan, 1973). Seu objeto pode se apoiar sobre a entrevista, a intervenção, a orientação proposta...

A dúvida alimenta a reflexão, a convida a reelaborar um pensamento que teria tendência a se fechar para responder à homeostásia que a consciência requer.

Corresponde à falta inerente de cada um, marca seus limites e o faz tomar consciência de seus pontos de choque e suas elisões.

É pela dúvida que se revela a busca de uma verdade e de um conhecimento porque ela leva à reelaboração da reflexão, incessantemente.

É talvez porque sua reflexão contém a dúvida que o profissional se torna terapeuta. É também a dúvida a respeito do seu conhecimento, das suas práticas e da sua validade que o leva a continuar a se formar.

A síntese e a narração como instrumentos de reflexão

No quadro do trabalho em instituição, o psicólogo é solicitado em diferentes níveis de intervenção:

• **Nas reuniões institucionais**, a equipe espera que o psicólogo clínico perceba os sintomas que sustentam a vida da instituição e auguram sua mudança. E ele pode ser levado a intervir para que novas orientações sejam propostas a fim de que outras práticas sejam utilizadas para responder à evolução dos pacientes e a dos cuidadores. Esse pode ser um dos meios para lutar contra a cronificação.

A reflexão do clínico volta-se sobre os meandros e sobre as crises da instituição, o papel que ele teve e a elaboração que, em seguida, ele pode formular.

Ela trata igualmente sobre os procedimentos das equipes de formar-se às novas práticas terapêuticas e a conquistar referências teóricas em função de sua vivência com os pacientes.

• **Quanto às sínteses** (Durning, 1981), o clínico expõe, por exemplo, o desenvolvimento das entrevistas que ele conduziu, a análise que ele fez, o projeto terapêutico que ele propôs.

A síntese, a reunião institucional e o trabalho pluridisciplinar em equipe criam lugares de encontro com outros profissionais. Eles permitem que uma reflexão pessoal seja confrontada a outras experiências e a outros pontos de vista. São as ocasiões de trocas e confrontações entre clínicos. Podem ajudar o psicólogo a se abrir a outros procedimentos terapêuticos e a outras teorias, e levam à continuação da sua formação.

• **A entrevista terapêutica** pode dar lugar a uma narração destinada a outros profissionais encarregados pelo paciente (médico, psicólogo, fonoaudiólogo). A narração esclarece pontos importantes da problemática do paciente: ela consiste na referência precisa dos sintomas e da sua causalidade patente.

A narração não é apenas o resumo dos fatos enunciados pelo paciente, mas leva em conta as suas percepções e a vivência do profissional acerca da situação enunciada. O profissional pode ter como referência, igualmente, a narração e/ou a notas no quadro do controle de caso. O intercâmbio com o supervisor procede da formação. Ele visa a uma elaboração mais fina dos processos psíquicos do indivíduo e da evolução da transferência e da contratransferência e das intervenções do clínico. O controle funciona como guia e como referência na conduta das terapias; ele apela à reflexão "na situação" de terapia e à sua reelaboração imediata.

A reunião institucional e a síntese procedem de uma elaboração oral enquanto que a narração decorre de um ato de escritura.

Os intercâmbios orais suscitam uma reflexão espontânea, em vias de elaborar-se. Eles permitem a cada um compartir e confrontar sua experiência enquanto que a escritura tende a limitar a problemática do indivíduo com o fim de ser mais inteligível ao outro.

A escritura produz uma reflexão que sofreu modificações e exprime de modo claro e conciso o ponto de vista do clínico.

Embora procedentes de dois diferentes modos de expressão, a síntese e a narração são meios de se tomar distância do trabalho relacional com os pacientes.

Da reflexão sobre a prática
ao questionamento da pesquisa

A reflexão sobre a prática constitui um modo de abordagem necessário ao clínico. Diversas formações convergem para que ocorra uma reflexão cada vez mais exata.

Essa reflexão não é, portanto, um procedimento da pesquisa. Ela concorre ao progresso da prática no terreno multiplicando os intercâmbios, e mesmo para que uma política comum seja utilizada no quadro da intervenção.

A decisão de se tornar um pesquisador procede de uma outra dinâmica.

A reflexão sobre a prática aparece como um trampolim possível para passar da prática à pesquisa. A formação do pensamento reflexivo, em moda no pensamento atual, aparece como uma qualidade requerida para um pesquisador.

A formação à pesquisa para o profissional

Ao colocar em marcha o pensamento, que se dá no quadro da reflexão sobre a prática, funciona como uma cadeia associativa. O "dever" de refletir que é inerente ao trabalho do clínico se transforma em necessidade de refletir, pensar, elaborar fora do trabalho clínico "no terreno".

A reflexão torna-se um "estado de pensar" que vai além do terreno da prática (Assoun, 1982) e pode abrir a uma formação à pesquisa.

A formação para a pesquisa pode ser encarada pelo profissional como um meio de lutar contra a angústia e o mal-estar experimentados na relação intersubjetiva que se estabelece com os pacientes, os cuidadores e a instituição.

A prática pode originar sentimentos de desvalorização, de fracasso, ou mesmo de exclusão e isso, talvez mais particularmente quando o psicólogo trabalha em meios fechados tais como o hospital psiquiátrico ou instituições para crianças deficientes ou deficientes mentais.

Pode ser também a vontade de verificar se as discussões e as problemáticas levantadas na prática escondem uma pertinência que não é somente operatória no campo limitado da prática clínica, mas pode estender-se a uma maior população.

As questões levantadas nesse terreno são inúmeras. Elas podem constituir importantes bases de reflexão para elaborar uma problemática de pesquisa. Para isso, o clínico é levado a tomar distância da sua prática e a refletir não apenas sobre a problemática psíquica dos indivíduos, mas sobre as relações entre essa problemática e a realidade social. A reflexão é ainda mais necessária quando sintomas idênticos são encontrados nos indivíduos que vivem realidades afins (por exemplo: o fracasso escolar ou o alcoolismo no meio rural).

A confrontação dos estudos tem por objetivo a reflexão, a sua ampliação e a conduzir o pesquisador à produção de uma crítica argumentada e, desse modo, aperfeiçoar a problemática da pesquisa.

Incidências da tomada de notas e do registro nas entrevistas

Na prática e na pesquisa, a memorização do discurso e a localização dos itens estão ligadas a objetivos diferentes e a modalidades técnicas específicas.

Na maior parte dos casos, nas entrevistas feitas com finalidade terapêutica se tomam notas durante ou após a entrevista. Dificilmente vemos a utilidade das entrevistas terapêuticas totalmente anotadas ou registradas; se não é, no primeiro caso, para caso de controle; no segundo caso, no quadro de uma pesquisa, esse método raramente é utilizado na França, pois ele não é empregado na formação, embora isso coloque a questão da Ética (Donnet, Green, 1973).

As notas concernem a localização dos acontecimentos da vida, por exemplo, após a primeira entrevista. No decorrer de uma terapia, elas permitem colocar as repetições, a densidade emocional do discurso, a evolução da transferência (e da contratransferência), os processos psíquicos...

Se a escuta é seletiva, a tomada de notas melhora a seleção: o que está anotado tem um valor de interpretação, provoca uma série de questões e leva à reflexão (Winnicott, 1971).

A tomada de notas não pretende, *a posteriori*, restituir a totalidade do discurso; a sua função é a memorização de elementos que parecem sintomáticos, a fim de escrever um relatório ou expor o caso em síntese ou como controle.

Ao contrário, as entrevistas de pesquisa que são a maior parte do tempo objeto de gravações no gravador (ou no vídeo) (Piquet, 1986). O procedimento dá ao pesquisador uma liberdade de funcionamento intelectual, pois a função de memorização não deve ser exacerbada, podendo a entrevista ser escutada tantas vezes quantas sejam necessárias.

Existem, porém, casos em que a pesquisa pode apoiar-se no material extraído de uma terapia; esse método exige do profissional pesquisador uma vigilância constante, pois a demanda terapêutica do indivíduo prima sobre a coleta de informações do pesquisador. Nesse caso, ele não pode intervir em função de suas hipóteses de trabalho e se esforça por permanecer disponível à demanda do paciente; o trabalho de pesquisa não intervém, em princípio, senão *a posteriori* na terapia.

O pesquisador centraliza a sua atenção nos itens que lhe parecem importantes em função das suas hipóteses e a respeito dos quais ele exigira informações complementares. Outros itens, que foram ocultados ou desconhecidos durante a entrevista, vão aparecer na escuta da fita gravada.

Freqüentemente, no decorrer de uma pesquisa, se tomam anotações antes ou depois da entrevista. Elas constituem uma memória das impressões sobre o "clima" em que esta se desenvolveu. Elas pontuam o avanço da pesquisa (Favret-Saada, 1981). Elas permitem, no momento da análise do material, restituir as modalidades do encontro, ponderar a interpretação em função de fenômenos transferenciais e contratransferenciais, e avaliar as modificações que intervêm durante toda a duração da coleta do material.

Veremos entretanto que isso não é tão simples porque uma pesquisa pode apoiar-se numa terapia.

ESCUTA TERAPÊUTICA E ESCUTA DE PESQUISA: AS INTERFERÊNCIAS

A escuta terapêutica

A escuta do paciente visa à elucidação dos processos psíquicos e localização dos mecanismos de defesa que são utilizados na produção de sintomas.

O indivíduo que envia um pedido de ajuda põe a sua esperança e a sua confiança no clínico, confia nele (em todo o sentido da palavra) e espera, em troca, uma total disponibilidade.

Uma primeira entrevista com fins terapêuticos ilustra as superposições e os deslizamentos que podem se produzir entre a prática e a pesquisa: isso poderá assemelhar-se ao desenvolvimento de uma entrevista de pesquisa e isso principalmente no caso em que a problemática do indivíduo coincide com o tema de uma pesquisa conduzida pelo clínico. Se o tema não pode deixar de se manifestar em distintos momentos, o papel terapêutico retoma rapidamente face à cena, o que não exclui que o profissional possa tomar notas a respeito de elementos que lhe parecem importantes para a pesquisa.

A escuta terapêutica, focalizada na problemática do indivíduo, se baseia na vigilância aguda em retirar as negações, os não-ditos e os caminhos que os conflitos psíquicos tomam. Ela não pode impedir que as questões inerentes à pesquisa sejam formuladas. Espontaneamente, uma dupla reflexão se realiza no campo da prática e no da pesquisa, mas, enquanto que à prática necessita estar disponível para intervir *hic et nunc*, as questões inerentes à pesquisa se elaboram *a posteriori*, seja a partir de notas sucintas tomadas durante à entrevista seja pela rememoração de alguns itens.

Ao contrário, situações que podem parecer patogenias no campo exclusivo da prática adquirem uma nova clareza quando o profissional as aborda com as referências teóricas e clínicas realizadas quando da conduta de uma pesquisa.

No momento da realização de uma pesquisa em uma criança em situação monoparental, nos ocorreu encontrar, ao mesmo tempo, em entrevistas terapêuticas, jovens (crianças, adolescentes) confrontados com esse tipo de situação. O fato de ter realizado leituras sobre esse tema e conduzido entrevistas de pesquisa com pessoas envolvidas em situações parecidas nos levou a não considerar a situação monoparental como o único fator desencadeador de sintomas, a relativisar os efeitos "negativos" dessa situação e a formular nossas intervenções junto aos pais e junto aos jovens levando em conta, ao mesmo tempo, a problemática psíquica, a dinâmica familiar e os resultados de outras pesquisas (Guillaumin, 1977).

As reflexões e os estudos de documentos referentes à evolução de mentalidades e à criação de novos fatos sociais contribuem para ampliar o ponto de vista do clínico. O aparecimento de novas condutas provoca uma reflexão a respeito da problemática do indivíduo e das suas significações no campo social.

A dupla pertença do profissional e do pesquisador incita o profissional a ser mais cuidadoso com os sintomas relacionados ao conflito psíquico e com os que decorrem da realidade social. O fato de trabalhar com essa dupla alternativa faz o profissional entender as necessidades que o indivíduo mantém com o social e leva, em alguns casos, a levar em conta a problemática que está relacionada com o social da que coloca em causa o funcionamento psíquico.

A escuta de pesquisa

A escuta durante a entrevista de pesquisa parece diferente tanto no que se refere ao procedimento do pesquisador como do indivíduo.

Mesmo se uma doença subjacente e implícita determina a aceitação de participar na pesquisa, é sempre o pesquisador que está em posição de demanda. A ausência de demanda explícita desimplica parcialmente o ator que permanece dono de um procedimento do qual ele não é, a princípio, o protagonista.

Ao contrário, é talvez para o ator a ocasião de exprimir um sofrimento, de construir um relatório, de valorizar uma situação vivida tanto como excepcional como à margem das normas sociais e, desse modo, de ter um sentimento de fazer progredir, pela enunciação de sua experiência, o procedimento científico.

Durante as entrevistas de pesquisa, a escuta se focaliza em certas informações que dão uma luz nova e que o pesquisador procurará aprofundar por meio de intervenções (retomadas, demandas de explicitação).

O objetivo do pesquisador, no momento da escuta, é o de obter o máximo de informações possíveis sobretudo porque, na maioria dos casos, a entrevista não se repetirá.

Ao contrário, ao ser única, essa experiência pode permitir ao pesquisador abster-se de dar ajuda, conselho ou opinião que teriam um valor terapêutico.

Na escuta terapêutica, o profissional engaja-se implicitamente junto ao paciente utilizando o seu conhecimento e a sua competência clínica para ajudá-lo a resolver seus sintomas, o que leva à colocação da dinâmica transferencial.

Na escuta de pesquisa, o pesquisador toma distância em relação à dinâmica psíquica do indivíduo; não há engajamento, para ele, a não ser que não seja perigoso. A sua ética lhe impõe, entretanto não abala suas defesas e de não revelar, por intermédio de interpretações rápidas, as causas e os efeitos da sua problemática psíquica. Ao gerar também fenômenos transferenciais, a escuta de pesquisa pode provocar mudanças.

PRODUÇÃO DE CONHECIMENTO E COMUNICABILIDADE

A escritura organiza o pensamento e leva a continuar a sua elaboração. Mesmo se ela se apóia em referentes teóricos, a escritura do profissional permanece marca de subjetividade. Ela pode demonstrar a validade de conceitos existentes, mas ela não visa, necessariamente, a um valor heurístico. Ela tem, freqüentemente, valor de testemunho porque ela se inscreve inicialmente no campo de uma experiência como mostram as narrações de experiências profissionais ou de história de caso (Samalin-Amboise, 1985).

A comunicação entre profissionais consiste em uma confrontação de experiências clínicas a fim de esgotá-las e de propor técnicas e de demonstrar a utilização de conceitos com o objetivo de uma reafirmação e de uma restauração narcisista ou mesmo para ser reconhecida como profissional.

A produção de um trabalho escrito na pesquisa responde a uma necessidade. Ela se constrói segundo um protocolo determinado, em um tempo dado. Ela mobiliza uma forma de angústia, diferente da experimentada com os pacientes.

A escritura, na pesquisa, visa a uma produção de conhecimento. O conhecimento, confrontado com os trabalhos e com o julgamento de outros pesquisadores, tende a obter um consenso que dará validez à pertinência da elaboração do pensamento e sustentará a sua produção.

A comunicação com os pesquisadores tem uma função de reconhecimento e leva à continuar a tarefa com o fim de elaborar, o quanto for possível, discursos criativos e inovadores.

A escritura do profissional e a do pesquisador visam um reconhecimento. A escritura do profissional se baseia na sua experiência clínica enquanto que a do pesquisador estuda e leva em conta minuciosamente os artifícios que presidiram a sua produção.

A prática terapêutica leva o profissional a produzir uma reflexão sobre a relação intersubjetiva.

Esta reflexão levanta questões e engendra idéias que são férteis na construção de um questionamento de pesquisa. Ela tem, porém, limites pois, para elaborar uma problemática que seja específica da pesquisa, o profissional pesquisador deve se liberar da prática terapêutica.

Cada campo teórico cria seu objeto de conhecimento e implica uma metodologia específica.

O método do profissional se baseia na "associação livre" ou mais amplamente num enunciado no qual o indivíduo tem o domínio; o método do pesquisador visa à produção de um discurso que está relacionado com as suas hipóteses: embora ambos trabalhem sobre o discurso do indivíduo e tenham por objetivo o conhecimento, eles não tratam do mesmo objeto.

O profissional e o pesquisador não trabalham sobre o mesmo objeto: o objeto do clínico visa aos sintomas do indivíduo e às respostas terapêuticas; o objeto da pesquisa se baseia na produção de um conhecimento compartido e transmissível dentro da comunidade científica.

É, afinal, por ser clínico que o procedimento, na prática e na pesquisa, encontra uma leveza de funcionamento, pois ele se refere mais a regras do que a normas.

O PESQUISADOR QUE INTERVÉM

Queremos mostrar que a coleta de material clínico qualitativo junto a indivíduos engajados em situações implicadas e implicantes, com o objetivo de produção de conhecimentos, constitui uma situação em que a proximidade metodológica com a situação terapêutica ou de intervenção pode provocar um grande mal-entendido.

A dificuldade para o pesquisador consiste em acompanhar os efeitos e os excesssos e a chegar a integrá-los na construção do objeto de pesquisa.

Abordaremos sucessivamente os momentos da demanda inicial, da gestão da situação e o da restituição dos resultados do trabalho de análise e de interpretação realizado a partir do material colhido.

AS DEMANDAS

Distinguimos a situação de pesquisa e a situação de intervenção a partir do critério da demanda inicial. Se é verdade que é o indivíduo quem formula uma demanda de terapia ou de ajuda e que é o pesquisador quem propõe às pessoas participar em uma pesquisa por seu posicionamento em uma mostra de população, as coisas são menos cortantes na situação da pesquisa clínica.

Ao contrário das situações de pesquisa experimental em que os "indivíduos" são pagos para se submeter a uma experiência planificada e prevista pelo pesquisador, e cuja finalidade às vezes se dissipa, como na "famosa" experiência de Milgram sobre a submissão à autoridade (Milgram, 1974), o pesquisador clínico propõe um quadro de trabalho a indivíduos "voluntários" visando à "co-construção" de um discurso. Trata-se de pessoas implicadas, concernentes, engajadas em situações reais (C. Revault d'Allones, Barus-Michel, 1981). Essa implicação pode se situar no nível da experiência pessoal, profissional ou social dos indivíduos e ela constitui o fundamento das demandas explícitas ou implícitas que emergem da parte dos indivíduos em resposta à demanda do pesquisador. Na medida em que as pessoas ou os grupos são relacionados (qualquer que seja o grau) pelo tema do pesquisador (que é de fato o seu problema), a aceitação de contribuir à coleta do material depende dos benefícios esperados, mais ou menos conscientemente, do encontro com o pesquisador.

As instituições

Nas situações institucionais, a demanda do pesquisador tem por efeito colocar em movimento as estratégias de diferentes atores no espaço da palavra que se coloca. A demanda de coleta do material (a realização de uma entrevista), que deve ocorrer freqüentemente no "terreno" dessas pessoas, revela o intrincar das dimensões individuais e coletivas; ela constitui um analisador (Lourau, 1971) dessas diferentes demandas implícitas.

Ao contrário, as recusas (e elas podem ser algumas vezes numerosas e significativas da pregnância do problema) revelam que a intervenção (no sentido principal da palavra) de uma pessoa externa, ou de um pesquisador, é temida pelos efeitos potenciais que lhe são atribuídos. Infelizmente, nesse caso, o enunciado da recusa é em geral insuficiente para compreender a sua significação.

O papel de intermediário, junto ao qual os primeiros contatos são estabelecidos, é fundamental. A intervenção do pesquisador deve contribuir para a sua estratégia institucional. Pode tratar-se de um pedido de mediação num conflito institucional, de regulação, de formação ou simplesmente de aproveitar a vinda de uma personalidade externa dotada de uma aura universitária.

Essa situação às vezes torna difícil o acesso do pesquisador ao campo, na medida em que aparece desde o início marcada pela posição desse intermediário; o que o obriga com freqüência a negociar novamente junto aos diferentes subgrupos mais ou menos antagonistas da instituição, em caso de conflito.

Ao contrário, a demanda do pesquisador não se conclui quando ela não desperta a demanda do intermediário ou quando ela parece de início portadora de causas de mudanças, conflitivas ou ameaçadoras, cujo controle ele poderia perder.

As entrevistas individuais

As coisas são diferentes quando se trata de realizar entrevistas individuais, fora do contexto social das pessoas (seja o lugar de trabalho, a família ou uma instituição onde ele é "usuário"). A prática social das pesquisas parece ter um efeito facilitador na medida em que as pessoas se sentem, num primeiro momento, orgulhosas por ser consideradas portadoras de uma opinião que suscita interesse do pesquisador.

Essa situação se diversificará, porém, segundo as classes sociais, a sua experiência no falar e o tema da pesquisa. Assim, numa pesquisa sobre a família, O. Bourguignon não pôde encontrar um homem pertencente à classe social menos favorecida (Roussel, Bourguignon, 1976). Igualmente, parece bem difícil, fora de qualquer quadro institucional, encontrar pais de crianças com handicap, pertencendo às classes sociais menos favorecidas (Giami, Berthier, Piquet, 1988).

O próprio pesquisador, seu *status* social, seu sexo e sua idade constituem mensagens infra-verbais determinantes dessa transação. Numa pesquisa realizada sobre o anti-semitismo, os pesquisadores foram selecionados em função da sua aparência semita ou ária (segundo os estereótipos) (Adorno *et coll.*, 1950). Esses elementos tiveram um papel importante na liberdade de palavra das pessoas interrogadas; estas podiam encontrar-se em situação de conivência implícita ou de mal-estar e de oposição com a pessoa do pesquisador. Esses elementos são encontrados em inúmeros temas de pesquisa.

É o dispositivo que impõe a duas pessoas, que não se conhecem, de se encontrar num lugar fechado para falar de coisas mais ou menos íntimas, que imprime a sua marca à situação e desperta fantasmas associados à intimidade tanto na pessoa entrevistada como no pesquisador (Devereux, 1980).

Mal-entendidos e divergências

A colocação de um dispositivo de coleta de material, tanto junto aos indivíduos considerados fora de suas ancoragens institucionais como de coletivos mais ou menos instituídos, só é possível no termo de uma transação inicial na qual o pesquisador apresenta sua temática e seus objetivos e se submete à aceitação das pessoas, que nunca é dada de antemão. Essa necessidade é independente do tema da pesquisa; é mais a colocação de um dispositivo de palavra animado por um terceiro que suscita o interesse ou a resistência nas pessoas. Os preparativos para instalação da situação de entrevista individual ou coletiva originam a "sobrecarga fantasmática" que a investe. A demanda terapêutica implícita ou a de mudança, e também os investimentos imaginários associados a esta situação de palavra necessitam do enunciado de uma proposição clara da parte do pesquisador, visando definir o quadro e os limites dados desta situação permitindo, em caso de fracasso, medir os desvios. Todas essas precauções não evitam a presença de mal-entendidos e de divergências entre o pesquisador e as pessoas interrogadas quanto às finalidades da situação.

É esse mal-entendido e o desconhecimento em que se encontram ambas partes que permitem uma utilização fecunda do dispositivo da entrevista como instrumento de coleta de material. Esse mal-entendido se baseia no fato de que o tema da pesquisa não pode funcionar como solicitação à palavra, para o indivíduo que nele encontra os elementos da sua problemática. Toda a "riqueza" e a "profundidade" de uma entrevista dependem dessa ancoragem inicial.

A GESTÃO DAS SITUAÇÕES DE COLETA DE MATERIAL

Colher uma entrevista individual de modo pontual durante uma hora, junto a uma pessoa que não será vista novamente, não implica o mesmo investimento do que a coleta de uma história de vida que pode exigir trinta horas de trabalho em comum (Pollak, Heinich, 1986).

O trabalho com um grupo de longa duração obriga a levar em conta a dimensão da evolução, ou seja, as resistências e os conflitos que aí podem ocorrer, com o risco de comprometer o objetivo da pesquisa (Giami, Giust, 1986).

Nessas duas situações, a dimensão da intervenção está presente em diferentes graus; ela não apresenta, para o pesquisador, os mesmos "riscos" nem as mesmas "vantagens".

A entrevista individual não-repetida

A possibilidade de uma repercussão clínica necessitando de um acompanhamento da parte do pesquisador raramente é um obstáculo à pesquisa; ao contrário, esse tipo de repercussão contribui ao procedimento da pesquisa enriquecendo-a com elementos subjetivos e emocionais.

Essas repercussões dependem do clima transferencial que se cria durante a entrevista e da capacidade do entrevistador de compreender as significações subjacentes à produção do discurso e remetendo "à experiência da relação (...), a vida atual ou o passado" [da pessoa entrevistada] (Schimek, 1983) e ao seu imaginário.

Com exceção de algumas entrevistas na quais as pessoas entrevistadas adotaram uma posição totalmente defensiva, que a situação de pesquisa nos obriga a respeitar, a principal conseqüência clínica que pudemos constatar é a elucidação, pelas pessoas, de dimensões de sua experiência pessoal não ou malpercebidas antes do decorrer da entrevista. Dito de outra maneira, essas pessoas têm freqüentemente a impressão de ter dito "mais" ou no caso contrário, o que elas supunham ter de dizer.

A brevidade da situação de entrevista individual não-repetida, estruturada pela demanda do pesquisador, permite tirar proveito e explorar as possibilidades de esclarecimento sem que estas se constituam um obstáculo ao objetivo do pesquisador. A delimitação da situação a uma única sessão permite precisamente ao pesquisador poder propor à pessoa, se esta solicita, a possibilidade de prosseguir em um outro enquadre.

As situações coletivas situadas na duração

As situações que necessitam de uma duração maior e, então, a repetição e a continuação das entrevistas, cuja evolução constitui um dos objetos do pesquisador, amplificam a dinâmica da elucidação que está presente na entrevista individual não-repetida; o que apresenta mais riscos em relação à manutenção dos objetivos do pesquisador.

Encontramo-nos aí em situações que apresentam analogias com a "Pesquisa-Ação elucidativa (...) concebida para ajudar um indivíduo a apreender o sentido das suas condutas e das situações com as quais ele se confronta." (Dubost, 1984). Nesse contexto, a elucidação realizada pelos indivíduos, com a ajuda dos pesquisadores, freqüentemente corre o risco de provocar conflitos entre os sujeitos ou entre os sujeitos e os pesquisadores; principalmente quando durante o trabalho de elucidação, os indivíduos se dão conta de que a sua participação na situação de pesquisa não corresponde mais às suas expectativas ou quando eles têm a sensação de ter resolvido de modo suficiente os problemas que motivaram a sua participação no trabalho. Aí se expressa a contradição entre os interesses dos indivíduos e os dos pesquisadores.

Esses fenômenos são marcados pelas mudanças de lugar. O pesquisador, sob o efeito da ilusão grupal (Anzieu, 1975) perde a distância que lhe permite compreender o que ocorre do seu ponto de vista. Para Touraine, tal situação, delimitada como irrupção da convivência, implica a suspensão da intervenção e marca seu fracasso em relação ao método da intervenção sociológica (Touraine, 1984).

Para o pesquisador clínico engajado em situações nas quais a sua presença ativa produz efeitos (sem que ele esteja sempre sistematicamente na sua origem), o problema consiste em evitar ser "impedido de pensar" sua pesquisa, não impedindo que se realizem os processos intra e interpessoais.

Nesse momento, o pesquisador está colocado diante da dupla necessidade de preservar seus objetivos, que passam pela continuação do trabalho de coleta de material, e de administrar os conflitos surgidos. Esta situação implica a instalação de uma dupla escuta. O pesquisador deve prestar atenção à evolução da sua relação com os indivíduos, prosseguindo a escuta dos fenômenos que entram no quadro da sua pesquisa. Trata-se de momentos cruciais na medida em que as duas dimensões estão geralmente ligadas e que os conflitos que aparecem no quadro da pesquisa podem ser interpretados como a repetição dos conflitos "de outra parte" dos participantes (Giami, Giust, 1987).

A participação e a interpelação direta do pesquisador nesse tipo de conflitos constitui o maior interesse desse tipo de procedimento, tendo em vista que o pesquisador se acha no centro dos processos psicossociais que ele experimenta quase "de modo direto".

Quando a intervenção e a pesquisa estão na situação de fecundação recíproca, chega um momento em que as solicitações da intervenção tomam os passos na continuação da pesquisa. A intervenção se constitui então um obstáculo à pesquisa seja porque a situação atinge um impasse seja porque os atores resolveram o problema que os concernia e que sustentavam a sua demanda e põem um fim à situação.

A gestão desse tipo de situação necessita de um grande rigor clínico por parte do pesquisador; isso consiste em lembrar a seus parceiros as regras que estruturam a situação e a renegociá-las no momento que ocorrem os conflitos. Deve se encarar a suspensão da intervenção quando não for mais possível continuar os objetivos do pesquisador ou quando a situação supera as regras fixadas anteriormente e entre em uma outra dinâmica.

Nossa posição difere da que foi exposta por Durning (1985) na medida em que consideramos que qualquer que seja a atitude que adotemos (como pesquisadores) junto dos indivíduos, ela produzirá uma perturbação no curso "normal" das coisas que convém interrogar e acompanhar e que se tornam constitutiva do objeto da pesquisa. Essa posição pressupõe um trabalho de análise e da instauração na perspectiva posterior com o fim de perceber os desvios introduzidos pela intervenção do pesquisador e a maneira que estes permitem aparecem e explicar os processos estudados.

A restituição

A questão da restituição dos resultados das análises e das interpretações conduzidas pelos pesquisadores depende do contrato realizado inicialmente entre o pesquisador e os atores que garante, de um lado, o anonimato das pessoas e das instituições e que obriga o pesquisador ao segredo profissional. É dentro desse enquadramento geral que podem ser encaradas as modalidades de restituição direta aos atores que participaram de uma ou de outra fase da pesquisa.

Adotando uma visão ampla, podemos considerar que cada uma das intervenções do pesquisado, em situação de coleta de material ou logo depois desta (o que é freqüentemente objeto de uma demanda da pessoa) constitui uma forma de restituição; e isto mais ainda se o dispositivo do material se estende no tempo.

Entretanto, precisamos lembrar que não estamos em situação terapêutica e que a demanda do indivíduo não existe no começo da situação. As demandas de restituição formuladas eventualmente por aquele no fim do percurso testemunham sua demanda implícita e consistem, pelo menos, uma forma de conselho.

As coisas são diferentes quando um enquadramento de restituição está previsto inicialmente no contrato que permitiu instituir a situação de pesquisa. Em tal contexto, Durning adota uma posição que consiste em relembrar a cronologia dos acontecimentos durante o tempo de observação, representar a organização do conjunto do estabelecimento e formular algumas questões de conjunto visando prevenir os conflitos susceptíveis de ser provocados pelos escritos posteriores (Durning, 1987). Apesar do tom acalorado que é recomendado, Durning e a sua equipe adotam uma posição "fria", na qual eles não avaliam os efeitos dos atores por eles observados. Tratando-se de situações de observação silenciosa das reuniões de síntese dos estabelecimentos, esse tipo de restituição permite quebrar o silêncio do pesquisador e de terminar "a intervenção". Porém, esse autor não aborda em absoluto as reações dos atores a esse tipo de restituição, ou seja, o efeito clínico por ela provocado.

Por outro lado, os atores podem não reconhecer a sua produção na medida em que o trabalho de análise realizado, *a posteriori*, faz com que ele perca a "sua vitalidade e a sua coerência" (Avron, 1986). Os atores não encontram o calor da sua implicação na frialdade de quadros estatísticos ou de esquemas organizacionais. O pesquisador é então acusado de ter deformado, traído, interpretado do alto da sua torre de marfim toda a plenitude humana com a sua experiência.

Por outro lado, a redução operada pelo pesquisador pode provocar o efeito inverso acentuando os pontos conflituosos, pondo a nu os processos desconhecidos ou reprimidos pelos atores. Essa situação que encontramos numa pesquisa sobre a sexualidade nas instituições originou no grupo uma "fantasmática da revelação de uma implicação pessoal na situação profissional" (Giami, Giust, 1987a) que precisamente era objeto de uma posição defensiva no 'de outra parte' institucional cotidiano dos indivíduos que participavam nessa pesquisa. A elucidação dessa fantasmática, que foi resultado do trabalho realizado em conjunto com o grupo, provocou, em algumas pessoas, uma reação de tipo persecutória, levando à negação da interpretação e a uma situação conflitiva.

Podemos dizer para concluir, que a restituição de uma parte do trabalho interpretativo do pesquisador, que se impõe na situação de pesquisa clínica, multiplica as imposições que pesam sobre o pesquisador. Por outro lado, a tomada em conta dos efeitos clínicos potenciais provocados por seu trabalho (no plano individual ou coletivo) constitui uma exigência de rigor suplementar. Mas, por outro lado, ele pode ser levado a deixar de publicar certos trabalhos, ao ser privado da possibilidade de acompanhamento desses resultados.

A introdução da prática e da pesquisa em situações clínicas é um dado real. O profissional é sustentado por um projeto de conhecimento enquanto que o pesquisador é solicitado internamente, e as vezes externamente, pela intervenção. Tratando-se de trabalho junto a pessoas que sofrem ou em movimento, é importante conservar, em cada um desses procedimentos, a especificidade que lhe é dada pelo contrato que une o clínico e as pessoas junto às quais ele "intervém".

O TRAÇO: TRANSMISSÃO, REPETIÇÃO, MEDIAÇÃO

por Colette Assouly-Piquet

O procedimento clínico é um pouco como essa história do homem que viu o homem que viu o urso. Nessa história, segundo um personagem da *Ponte do Amor* (Roumette, 1985), o primeiro homem, o que viu o homem que viu o urso, termina sempre sabendo alguma coisa do urso. Com a condição de que o segundo homem, o que viu o urso, possa servir de mediador e transmitir o que ele viu e ouviu. Ele terá, sem dúvida, seguido a pista do urso, observado o seu aspecto exterior e seu comportamento, desenhado alguns croquis, tirado fotos ou um filme, gravado os grunhidos. Talvez ele até tenha trazido a pele do urso para provar o que ele conta... Em resumo, ele terá colhido traços, trabalhado sobre traços, brincado com traços e deixado traços para esse homem que lhe vem perguntar.

Porém, este não é um procedimento naturalista? Em psicologia clínica, temos de ver, certamente, com o sujeito e com o subjetivo, mas tal como esse homem que viu o urso, tomamos cuidado em observar, em memorizar, em gravar; construímos documentos que serão lidos, escutados ou vistos: estudos de casos, histórias de vidas, testes projetivos, apresentações de 'doentes', entrevistas, filmes ou vídeos... Não apenas um projeto de pesquisa, de ensino ou formação. Na intervenção em instituição ou em empresa, na relação de apoio ou de terapia, colhemos também ou utilizamos material clínico, trabalhamos sobre traços e deixamos traços. E é mesmo o que, à primeira vista, parece diferenciar o psicólogo clínico do psicanalista. Se refletimos bem sobre isso, a função do traço é de permitir a mediação e a transmissão: não estamos apenas no isolamento e na intimidade de um consultório. O traço está aí para designar a posição desse outro a quem nos dirigimos, todos esses outros, leitores, ouvintes, espectadores, parceiros e mandatários institucionais, destinatários da pesquisa, da formação, da intervenção, do controle: não somos mais dois, mas três, quatro, dez e talvez milhares ou milhões.

A TRANSMISSÃO: O DIRIGIR-SE AO OUTRO
Esse homem que viu o homem que viu o urso

Entretanto, quando tomamos notas durante uma sessão de terapia, durante ou após uma entrevista geralmente nos dirigimos a nós mesmos: esses traços que guardamos não são destinados a outros. Sem dúvida. Responderei, portanto, que quando tomamos notas e que as consultamos depois, não estamos na mesma posição, em semelhante situação transferencial que durante a sessão ou a entrevista. Nós nos tornamos esse outro que se separa da relação dual, que reflete na sua contratransferência, que tenta às vezes encontrar suas referências clínicas ou teóricas. Nunca tomamos nota por acaso, do mesmo modo que não falamos de um "caso" a um colega ou a um supervisor sem motivo: é freqüentemente uma maneira de se afastar de uma relação dual muito 'vampirizante' (parasitária) num momento em que ocorre a sua contratransferência, no qual temos a sensação de não compreender nada.

Tudo isso não é muito banal e fora do campo da clínica? O traço, na sua própria definição, é aquilo que pode ser dirigido a uma outra pessoa ou ressaltado por outro que vai lhe dar um sentido. É aquilo que vai transmitir sentido ou servir de apoio à comunicação de um sentido (Pagès, 1986). Em resumo, o traço é o *significante* e, como alguém disse (Lacan, 1966), um significante conduz sempre a um outro significante. Destacamos então que o traço é também aquilo que deixamos atrás de nós, aquilo que perdemos, o que se apaga, se esquece, que fica para trás sem deixar endereço, o que se torna sofrimento sem nunca ser enfatizado por ninguém... Deixar um traço é também aceitar que ele não tem mais sentido, que ele toma um sentido diferente daquele que investimos inicialmente, que possa abrir-se a vários sentidos. A função própria do outro é entender mal, esquecer, negligenciar, assim como a do indivíduo é a de mentir ou ocultar, deixar traços mentirosos, pistas falsas.

O traço é então tudo aquilo que provoca ruptura, transmissão, passagem: e também a escrita de um texto ou de um filme, a rampa que delimita a cena na qual os doentes se apresentam, a tela que separa os espectadores da 'realidade' filmada; e eu diria mesmo a inscrição simbólica que permite parar uma terapia ou uma análise. Em todos esses casos, aceitamos que qualquer coisa se perca, se separe de si e sabemos como isso, às vezes, é doloroso.

Psicologia clínica e psicanálise

Encontramo-nos aqui diante do velho debate que opõe a psicanálise e a psicologia clínica. Se gravamos quilômetros de filme, se guardamos montanhas de anotações, não é para não perder, justamente? Para conservar na memória aquilo que se afunda no esquecimento. Memória absoluta, infalível, insone. Memória que objetiva o indivíduo, que corre o risco de matar a subjetividade.

> "Aquilo que a fotografia reproduz infinitamente, aconteceu apenas uma vez: ela repete mecanicamente o que nunca poderia se repetir existencialmente." (Barthes, 1980).

Assim, acreditamos fazer fracassar o tempo perdido, o futuro imprevisível, o poder da morte (Rosset, 1976, 1977). Porém, não reintroduzimos a morte na própria vida? Voltamos indefinidamente sobre estes traços de palavras, sobre esses 'espectros' de imagens. Analisamos, descortiçamos, cortamos, matamos uma segunda vez aquilo que já estava morto.

> "Existe uma enorme diferença entre um Robespierre que apareceu apenas uma vez na história e um Robespierre que volta eternamente para cortar a cabeça dos franceses" (Kundera, 1984).

A ciência e a subjetividade

Mas, que é a subjetividade, exatamente? À primeira vista, é aquilo que parece ser da categoria do fugidio, do imprevisível, do inefável; é aquilo que ocorre na interioridade de um consultório entre um terapeuta e seu paciente; é a relação única e não passível de repetição de um entrevistador com seu entrevistado. Diremos então que a observação e a gravação congelam o indivíduo, que o estudo de caso substitui uma verdadeira escuta por um olhar exteriorizante e objetivante, que as apresentações de doentes retornam às posições psiquiátricas 'etnologizantes' de antes da guerra. Uma experiência como *Psyshow* é acusada de alimentar cinco milhões de telespectadores com casos íntimos (Leclaire, 1986).

> "Terminou o íntimo, o segredo como algo sagrado. Isso ia do sacrilégio ao obsceno. Acusaram-nos de ser pior do que os filmes pornôs".

Em resumo, temos que a presença real dos outros, em uma posição de exterioridade e de voyeurismo, destrua a dimensão imaginária, transferencial que estrutura uma relação clínica. Contrapomos, então, a interioridade com a exterioridade, o privado ao público, a pura subjetividade do que ocorre, que modifica, que desafia toda definição e toda previsão da objetividade objetivante, que só trabalha com o que já está morto. Como, então, nessas condições, encarar a transmissão? Como o homem que viu o urso poderá nos fazer saber sem ser obrigado a vender a sua pele? Diremos que o homem que ele encontra deverá se engajar com ele numa espécie de itinerário iniciático, que a formação tomará o caminho de uma nova relação dual, que a experiência puramente subjetiva será a condição obrigatória da passagem e da transmissão. Resumindo, cada um deverá procurar seu urso sem caçoar do urso do vizinho.

Um impasse epistemológico

Eis-nos encerrados em uma alternativa sem saída. Os defensores de uma psicologia 'científica' ou mesmo 'experimental', vão criticar essa posição em nome do rigor do conhecimento. Um conhecimento não é científico se não for respeitável, comparável, acumulável. A subjetividade deve ser, portanto, jogada fora por definição, ela não pode ser objetivada. Como sair desse impasse? Na verdade, precisamos interrogar tanto o temor da objetivação como o menosprezo pela subjetividade. Por encontrar-nos diante de posições puramente ideológicas que podemos remeter e remover a sua pretensão totalitária. Por que falar da subjetividade em termos de interioridade, de intimidade, de segredo? A representação dominante da prática psicanalítica:

"É um modelo esférico e narcísico, o modelo de uma autarquia narcisista dentro da qual se encerraria e preservaria alguma coisa do jardim secreto da intimidade" (Leclaire, 1986).

Entretanto, acrescenta Serge Leclaire, "a verdadeira vida, o segredo nunca foi contido numa esfera". Cada um sabe que o segredo é sempre um 'segredo de polichinelo'.

Freud, psicólogo clínico

Este é o momento de lembrar essa revolução coperniana de que Freud falava (1917): as experiências "públicas" da psicanálise destroem a completude narcisista que os psicanalistas pretendem viver no isolamento de seu consultório. E eu diria, para provocar que a função do traço, esse dirigir-se ao outro, é justamente o que mais aproxima a psicologia clínica da psicanálise, como eu posso dizer que Freud é o primeiro dos psicólogos clínicos, ele que aceitou liberar seus 'segredos' na sua obra, a céu aberto. Se para compreender o sentido dos sonhos, ele analisou seus próprios sonhos, não é apenas porque ele era para si mesmo o sujeito mais próximo e o mais acessível, mas porque ele desejava reservar ao leitor a posição daquele a quem os seus sonhos estavam dirigidos, como eles estão dirigidos, no começo, a Fliess.

A POSIÇÃO DO LEITOR

Um sonho de Freud

Mas, qual é o sentido dessa posição? Voltemos a esse "primeiro sonho que ele analisou detalhadamente" (Freud, 1900), o famoso sonho da 'injeção de Irma'. Sonho inaugural para a sua pesquisa. Sonho exemplar, pois todos os seus comentadores reconheceram que ele traz a demonstração, sem erro, da tese de Freud sobre a interpretação do sonho como realização de um desejo. Nessa situação inaugural e exemplar, o sonho está aí para dizer ao leitor: "É você, leitor, quem vai, mais além do sentido que ele tem para mim, encontrar sua significação do sonho, porque eu sonhei para você. Ele traz a realização do meu desejo de ser o descobridor da interpretação dos sonhos e nisso ele lhe diz que o sonho é sempre a realização de um desejo" (Assouly-Piquet, 11986 b). Freud deixa então ao leitor esse lugar que era inicialmente o de Fliess, como o sonho propõe outros lugares: o do indivíduo Freud, médico e sábio, o da histérica Irma (Ema ou Ana) e o da instituição do conhecimento representada pelo doutor M. (Breuer) e pelos seus colegas e amigos Otto (Oscar Rie) e Leopoldo (Ludwig Rosenberg) (Lacan, 1978).

Quatro lugares e quatro movimentos do sonho que serão controlados pelas relações de Freud com estas quatro instâncias, e que constituirão os quatro momentos de sua pesquisa. Os dois primeiros momentos (situar-se entre seus mestres e seus colegas tentando desculpar-se diante deles, e dar à Irma o sentido da sua neurose) são claramente explícitos no sonho e na análise que o seguiu. Ao contrário, os dois outros momentos (a sua identificação com a histérica Irma e a sua transferência com Fliess, levando à sua auto-análise) percorrem o sonho de modo alusivo. E, entretanto, se os dois primeiros momentos só o levaram a um fracasso (seus mestres são céticos e Irma interrompe o tratamento), os dois seguintes vão engajar Freud na originalidade de sua descoberta e de seu método, no duplo retorno do médico e da sua paciente.

O que ocorre é que o enunciado objetivante de sua teoria sobre a etiologia sexual da neurose não é aceita por Irma (e também o verdadeiro "estrago" que sofreu por parte de Fliess). A persistência desses sintomas e sua resistência perturbam profundamente Freud e o levam a analisar no mais íntimo de si o enigma da histérica: a Irma do sonho é também ele próprio, confrontado com seus sintomas, sua sexualidade, sua angústia de castração, o mistério da feminilidade e da origem. Ocupando a posição da histérica, Freud se dirige ao verdadeiro destinatário transferencial do sonho: a "triméthylamine", cujo nome inscrito tão claramente no sonho, oculta e designa ao mesmo tempo o nome de Fliess. A passagem da dupla Irma/Freud para a dupla Freud/Fliess contém a descoberta da transferência.

O retorno do sujeito e do objeto

E se, ainda mais, Freud dirige seu sonho ao leitor é para convidá-lo a seguir esse mesmo caminho, para ser aquele que pode se identificar com a histérica e reconhecer seu próprio sintoma, para chegar, finalmente, a ocupar o lugar do analista, ou seja, daquele para quem o discurso da histérica é dirigido, podendo escutá-la como sujeito da sua fala e não mais como objeto das suas manipulações verbais e corporais. Tudo ocorre como se a presença real de um terceiro permitisse esse duplo retorno do sujeito e do objeto. É a esse preço que o paciente, o participante ou o entrevistado não será considerado um objeto, mas sujeito de seu discurso, sujeito de um discurso que está dirigido àquele que está disposto a ouvi-lo ou a ler, e no qual o terapeuta ou o pesquisador será apenas um dos mediadores. Discurso a ser reinterpretado continuamente, graças ao duplo retorno do sujeito e do objeto. Discurso vivo que falará dos anos distantes para quem esteja aí para escutá-lo de modo diferente.

Assim, Michel Foucault, na apresentação de *Moi, Pierre Rivière* (1973), explica o método que ele vai adotar: em vez de interpretar o *Rapport* de Pierre Rivière a partir da posição que era a dos juízes, médicos, jornalistas, psiquiatras. Ele vai, ao contrário, mudar totalmente o ponto de vista situando esse *Rapport* no centro do trabalho, como aquilo que vai permitir a interpretação dos discursos dos juízes, médicos, etc... Eu não acredito que Foucault quisesse dizer que o *Rapport* de Pierre Rivière seja mais claro do que o discurso dos seus juízes, mas, sim, que não existe interpretação sem que haja essa possibilidade de retorno.

Da mesma forma, Laing (1970) explica a incompreensão da psiquiatria tradicional em relação à loucura. Kraepelin (citado por Laing, *op. cit.*), apresentando um de seus pacientes, comenta a sua atitude da seguinte maneira:

"Quando perguntamos o seu nome, ele gritou:" Qual é o seu nome? O que encerra? Ele fecha os olhos. O que ele ouve? Ele não entende. Como? Quem? Onde? Quando? Eu pergunto o que ele tem. Por que não me respondem? Você vai ser insolente, novamente? Eu vou te mostrar! Você não quer ser a puta por mim? Não se faça de esperto: você é um insolente e um imoral..." Embora ele tenha entendido todas as perguntas, sem dúvida, ele não nos deu um único elemento de informação utilizável. Suas palavras foram apenas uma série de frases incoerentes, sem nenhuma relação com a situação".

Se a posição do psiquiatra não permite compreender o discurso do paciente, se o paciente também não compreende o discurso do psiquiatra, e é por isso que ele está doente, a intervenção desse terceiro que é Laing (cinqüenta anos depois) é que vai permitir um duplo retorno e devolverá ao paciente a sua posição de sujeito:

"O que ele faz? Parece que ele realiza um diálogo entre a imagem ridicularizada que ele esboça de Kraepelin e seu próprio eu, revoltado e provocador. Ele está provavelmente ferido por este interrogatório diante um grupo de estudantes e, sem dúvida, não vê o que isso tem a ver com as coisas que o tornam infeliz. Mas estas coisas não representam para Kraepelin uma 'informação utilizável' – mas 'sinais' de uma doença... O que sente o jovem de Kraepelin? Ele parece atormentado e desesperado. O que ele faz falando e agindo como vimos? Ele recusa ser 'medido' e ser tratado como uma cobaia. Ele quer ser escutado".

O lugar vazio

Por meio desse traço que constitui um texto ou um filme, o discurso do sujeito pode esperar (Lacan, 1966), aquele que ele chamará no seu discurso e que virá escutá-lo e dar-lhe sentido.

Sem dúvida, esse outro a quem o sujeito se dirige nem sempre toma a forma concreta de um espectador ou de um ator. Mas a escrita que revela um estudo de caso, a tela e as câmaras que isolam uma relação terapêutica dos espectadores, a rampa que separa uma apresentação de doentes do auditório, representam a materialização de uma linha imaginária que delimita um lugar vazio, o lugar daquele a quem, na verdade, o discurso do sujeito estava destinado e que algum outro poderá substituir. Em resumo, a materialização de uma ausência.

A REPETIÇÃO: O DUPLO E A AUSÊNCIA

O traço do urso

Pode ocorrer, entretanto, que esse lugar do outro não esteja disponível, que haja

falta e que o traço, por um pouco de presença, pareça mais a um duplo da realidade do que à sua representação. O traço de um urso lhe vem, então, impactante. O seu traço, ou melhor, a sua pele que não lembra nada do urso vivo que ele era, mas designa com insistência a sua morte.

O DUPLO PERSEGUIDOR

Roland Barthes procurando a essência da fotografia, fala de 'volta do morto'. Quando ele olha as fotografias que outras pessoas tiraram dele, ele não se reconhece nessas imagens fixas (Barthes, 1980):

"Imaginariamente, a fotografia representa esse momento muito sutil no qual, na verdade, eu não sou nem um sujeito nem um objeto, mas, sim, um sujeito que sente tornar-se um objeto: vivo então uma microexperiência da morte (parêntesis): me torno verdadeiramente um espectro (...) Quando eu me descubro um produto dessa operação, o que eu vejo é que me tornei imagem total, ou seja, a morte em pessoa; os outros (o Outro) me desapropriam de mim mesmo, me transformam, com ferocidade, um objeto".

O vídeo e o olhar do outro

Nas entrevistas ou nos grupos, os participantes filmados exprimem sentimentos de des-possessão, de alienação, de objetivação. É sempre do outro que se trata, do olhar do outro, muito presente ou muito ausente.

"*Dominique:* "Aquele que foi filmado se encontra sob o olhar impenetrável de uma câmara e está privado do olhar daquele que maneja a câmara. Portanto, o olhar da câmera é um olhar sem rosto: olhar em que a palavra também está ausente; a quem ele se dirigirá? Silêncio, silêncio imenso e espesso que me rodeia quando eu me encontro sozinha no meio da sala. Ausência da palavra do outro. O que me foi oferecido é o olho da câmara, olho mecânico, eletrônico, frio, sem expressão, sem emoção. Olho ameaçador. Olho que me vê, no qual posso projetar tudo o que tenho medo de encontrar."

Perdeu-se uma imagem de si mesmo; não é restituída ou é malrestituída. Vemo-nos na tela como jamais nos havíamos visto, de costas, de perfil, falando aos outros, sem posar para a sua imagem, sem ter o prazer de prepará-la. É uma imagem surpresa, e então surpreendente.

Mariela: "Eu pensava que eu não era assim. Não pensava que eu era assim, enfim, não é a mesma coisa que um espelho. Porque eu me vejo falando, eu vejo meus gestos. Tenho a impressão de estar vendo uma outra pessoa. Não sou eu. É o que eu sinto".

Jornalista: "A sua imagem, a que você imagina, a que você conhece, como ela é em relação a esta?".

Mariela: "Em relação àquela, ela é totalmente diferente, é quase oposta! Ela é mais alegre, mais atrativa. Existem muito mais coisas na imagem que eu tenho de mim, do que naquela que eu vi, lá" (*Aujourd'hui la vie,* 1984).

Imagem muito próxima e, ao mesmo tempo, longínqua. Somos tomados da angústia de não reconhecer a nossa imagem ou de reconhecê-la muito bem. Esperamos esse traço do si mesmo com o olhar mais crítico, o menos benévolo. Esperamos o olhar do outro com inquietude, porque tememos um julgamento, uma rejeição, uma perda de amor, sentimentos que nos são devolvidos pelo nosso duplo e que precedem nossa interrogação.

Gérard: "Eu tomei distância imediatamente colocando-me a questão de saber qual seria no momento a minha reação à essa pessoa estranha no monitor do vídeo. Eu vi nele (com muita dificuldade) um jovem adolescente, sorridente, mas muito crispado, distanciado do que ele tinha para dizer (do que ele dizia) e distanciado fisicamente (pose, mímicas, sorrisos) do que ele pensava (e que eu conhecia). Medo das suas próprias afirmações, recusando mesmo o pouco que ele exprimia (medo em relação ao que eu sabia). Resumindo, eu sentia que não estaria particularmente interessado nessa pessoa, que eu a estava olhando de modo tão longínquo e tão próximo nessa televisão, que me olhava 'por todos os prismas', como ninguém ousaria fazer (salvo, talvez, um ser amado, mas sabemos que o amor é cego...) Eu não gostava desse corpo, encolhido sob o peso daquilo que ele tinha de dizer, sacudido por sobressaltos dos risos nervosos e inconvenientes, dobrado na curvatura de uma poltrona, como os personagens de Bretecher". (Assouly-Piquet, 1982).

Onde termina a fantasia, onde começa a realidade? Esse rosto desfigurado que eu vejo, creio que o outro o vê. Esse meu rosto que o outro vê, ele crê que eu também o vejo. E, entretanto, o outro e eu vemos a mesma coisa? Eu me sinto sem rosto. Nada mais pode ser ocultado, eu não posso mais mentir, eu não posso esquecer mais nada. A distância tranqüilizante entre o outro e eu se dilui num espaço paranóico. Todos esses duplos me invadem e me perseguem (Assouly-Piquet, 1983).

Inês: "Ah! Esquecer. Que infantilidade! Eu te sinto até nos meus ossos. Seu silêncio grita nos meus ouvidos. Você pode fechar a sua boca, cortar a sua língua, mas isso te impedirá de existir? De deter o seu pensamento? Eu o escuto, ele faz tic-tac, como um despertador e eu sei que você escuta o meu... Você me roubou até o meu rosto: você o conhece e eu não o conheço" (Sartre, 1947).

O lugar que falta

A tela, cheia de duplos, só devolve imagens ausentes, estilhaçadas, perfuradas, reflexos do olho que as olha e desaparece nelas, como esse rosto em que uma paciente vê apenas a sua boca estragada, com as cáries cuidadosamente conservadas, que aspira a seu olhar até a vertigem. Tudo ocorre como se todos esses duplos representassem para a pessoa o seu eu projetado, que a persegue ou a engole, enquanto que no seu lugar só existe apenas um alter ego angustiado. (cf. Lacan, 1973, 1981).

"Uma das orações insistentes a Deus e a meu anjo guardião era a de não sonhar com espelhos. Eu sei que eu os vigio com inquietude. Eu temo, algumas vezes, vê-los divergir de repente da realidade, outras vezes de encontrar aí meu rosto desfigurado por estranhas adversidades" (Borges, 1965).

Porque o duplo é sempre perseguidor, ou porque ele é também revelador de uma verdade oculta ou reprimida. Mr. Hide é o duplo tenebroso do Dr. Jekyll (Stevenson, 1886). O retrato de Dorian Gray manifesta a sua ignomínia e o seu envelhecimento (Wilde, 1891). A imagem revela uma falta, uma mancha, um traço. O reflexo transforma-se em morte ou em monstro.

Assim, o duplo não é verdadeiramente o duplo. Não é o mesmo que retorna, tranqüilizador e protetor, o idêntico a si mesmo, no qual se pode reconhecer-se e viver uma satisfação narcisista, uma alegria semelhante a da criancinha diante do espelho. Eu olho esse rosto, sou eu mesmo e é, entretanto, o do desconhecido, do estranho, do inaceitável. Eu olho esse rosto e ele não me olha; eu sou o outro que vê sem ser visto, sou eu quem é visto sem ver. Eu estou preso numa relação imaginária comigo mesmo, que não poderia ser outra que persecutória. Meu duplo na imagem volta, insistente, assediante, antecipando a pergunta angustiada que eu coloco à tela. Não há mais lugar para um outro a quem me dirigir, pois a resposta que eu recebo precede a minha própria demanda (Lacan, 1981).

O LUGAR DA AUSÊNCIA

Só organizando um lugar vazio, uma possível ausência nesse pouco de presença, é que a imagem não será um duplo que impede a posse de si mesmo. Assim, se poderá restaurar um diálogo com o outro, tranqüilamente, sem que a palavra do sujeito se detenha. Ocorre que a presença real de um terceiro, em vez de conduzir a um olhar objetivo e voyeur, desperta aquilo que uma relação dual pode ter de circular ou persecutória, dando à transferência a possibilidade de se desenvolver e de ser analisada.

As experiências públicas da psicanálise: a posição do espectador

É assim que, no momento das apresentações de 'doentes', psicóticos em geral (Porge, 1985, 1986), o público, ao qual o indivíduo pode se dirigir ao mesmo tempo ao apresentador, tem um papel tranqüilizante: ele limita o poder daquele que interroga e representa esse outro que, muitas vezes, fala ao indivíduo no delírio, e para quem ele poderá falar.

"Na apresentação de doentes, o que o indivíduo diz ao apresentador é, simultaneamente, ouvido em outro lugar: um outro lugar que não fala ao indivíduo ou sobre o indivíduo, mas para quem o indivíduo pode falar indiretamente",

sem que a forma de resposta que o público dá pela sua presença antecipe a questão, como nos casos de automatismo mental. E se na experiência de *Psyshow* a segurança do espaço transferencial não é ameaçada pela presença potencial de milhões de telespectadores, diz Serge Leclaire (1986), é porque essas pessoas que não podem falar na relação 'mais próxima', podem fazê-lo, ao contrário, porque existe:

"essa pluralidade de outros, e poderíamos dizer, esta dimensão do Grande Outro. De repente, nos mesmos, Pascale e eu, os interlocutores, somos fantoches. Estamos, verdadeiramente, no nosso lugar, no lugar analítico, no sentido que é para nós que eles devem, supostamente, se dirigir. Está perfeitamente claro que, não mais que numa análise, é ao analista que se fala, mesmo se seja claro que não se poderia falar se ele não estivesse aí".

Essa dimensão do Outro, da qual fala Serge Leclaire, é a mesma de uma *presença potencial* nesse lugar que pôde tornar-se vazio porque um objeto (amado) está ausente. A ausência não é a morte. O objeto ausente não é mais um fantasma que voltará e deterá a palavra do indivíduo. Por isso, a presença real de um terceiro, na posição do outro a quem se pode dirigir, materializa esse lugar vazio. É a vantagem mais importante das psicoterapias 'de mediação' (grupos, expressão corporal, desenho, modelagem, psicodrama, videoterapia...) que de equilibrar no quadro dos espaços que metaforizam o lugar da ausência.

A videoterapia: o lugar do outro

Por exemplo, no dispositivo da videoterapia (cf. Geffroy, 1980; Bléandonu, 1986; *Perspectives Psychiatriques*, 1983) durante o exercício de confrontação, os participantes vêem a sua imagem diretamente na tela da televisão. Essa imagem, embora simultânea, é muito diferente da de um espelho: a dimensão do plano pode variar (plano de conjunto, grande plano, plano muito grande de um detalhe do rosto ou do corpo...) assim como a orientação da tomada de vista (rosto, perfil costas...), os movimentos do aparelho (zoom, panorâmico...) e todos os artifícios de que pode dispor (corte, vinheta). Devemos notar também que a imagem está invertida em relação à do espelho e, sobretudo, que em algum momento os participantes não podem ver-se inteiramente de frente, 'os olhos nos olhos', pois por pouco que seja, a câmera que filma está longe da tela na qual eles se vêem. O esquema seguinte descreve a organização do espaço: num ângulo da sala, a tela da televisão; no outro ângulo, em frente à tela, a pessoa que vê a sua imagem; no terceiro ângulo, à esquerda ou à direita da tela, a câmera.

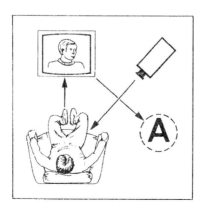

Esquema

Nessa disposição, a câmera filma a pessoa em três-quartos de perfil. A câmera pode se deslocar, filmar a pessoa de costas ou de perfil. Mas em todos os casos, um ângulo do espaço está sem ser ocupado (A). Porém, podemos notar que o rosto que aparece na tela dirige seu olhar exatamente para esse lugar vazio que pode, então, materializar a presença da ausência (as flechas indicam a direção dos olhares).

Emmanuel (comentando sua imagem, de frente): "(...) Ah! Gosto mais dela, não sei porque... (ele sorri). Sim! Eu sei porque: essa posição me lembra uma foto minha que eu gosto muito. Eu tinha 17 ou 18 anos. Éramos um grupo de amigos e primos, nessa foto. Todo o mundo olha para o fotógrafo, menos eu; eu sorrio como agora, e meu olhar está dirigido para fora do enquadramento da foto, para alguém que devia estar sentado ao lado. Não sei mais quem é, talvez minha irmã ou minha mãe, que não estão na foto, ou então minha avó. Cada vez que eu vejo esta foto, sinto uma grande ternura; aí também... estou comovido (ele chora)... É gozado... É como se, aí, eu pudesse ver todos que eu amo, falar com eles... De fato, é como se também eles pudessem me ver... eles estão aí na sala, eles velam por mim... é como se fossem anjos da guarda... Eu não estou mais sozinho..." (Emmanuel volta-se para o grupo que o escuta em silêncio).

A MEDIAÇÃO: À MEMÓRIA

O homem que viu o urso

Por que ocorre que esse dirigir-se ao outro pode não ser possível? E que essas fotos que nós folheamos ou esse filme que nós vemos não sejam como uma memória viva que nos alegra?

O Luto Impossível

Quando Roland Barthes fala da 'volta do morto', o que ele diz também, sem ser explícito, que esse sentimento de morte que se sente diante das fotos de si mesmo tem uma relação com o luto impossível de sua mãe.

O fantasma

Diante da foto que encontrou da sua mãe, quando era pequena, ele não pensaria também: "ela vai morrer e ela está morta?" (Barthes, 1980).

"Leio ao mesmo tempo: *isso vai ser ou isso já foi*: observo com horror um futuro anterior no qual a morte é a aparência, a fotografia me fala da morte no futuro... Diante da foto da minha mãe quando era pequena eu digo: ela vai morrer: eu me emociono, como o psicótico de Winnicott, com uma catástrofe que já ocorreu... Que a pessoa já esteja morta ou não, toda fotografia é catastrófica... Existe nela, sempre, uma destruição do Tempo: ela está morta e ela vai morrer".

Porque é a sua mãe quem ele quer encontrar na sua verdade, na sua essência, na sua própria vida. A lembrança ocupa o lugar da repetição de um passado que insiste, porque ele não deseja essa perda, porque ele recusa o esquecimento. É no momento em que ele quer agarrar essa realidade que escapa, que a morte surge, brutal, rígida, anatômica, sob a forma daquilo que não é mais uma realidade cadavérica, um espectro (Assouly-Piquet, 1985, 1986a).

"Nada de cheiro, nada de música, nada a não ser a coisa exorbitada... que enche de força a vista".

A marca

É que a fotografia, como o vídeo ou o cinema, não é uma 'cópia' do real, mas uma 'emanação' do real passado, uma marca (Roumette,

1984). Ela se dá pelo substituto do que ela reproduz e, ao mesmo tempo, o sinal do que ela não é, nos desgasta num jogo indefinido de morte e de ressurreição. O objeto perdido se enquista na cripta do aparelho de fotografias, e se repete eternamente, morto-vivo, mas nem vivo nem morto, como Drácula (Stoker, 1897).

O DUPLO E A MORTE

Sabemos, desde a análise de Otto Rank (1914), que o duplo, suas formas reais ou imaginárias (sombra, reflexo, sósia, gêmeo, retrato...) significa em todas as culturas a recusa da morte e o desejo de imortalidade. O duplo protege da morte, pois ele pode morrer no nosso lugar; e se o nosso corpo morre, nossa alma será a nossa duplo imortal. Freud, porém, observa que "quando essa fase é superada, o sinal algébrico do duplo se modifica e, uma segurança de sobrevida, ele se torna um sinal estranhamente inquietador de procura da morte" (1919). É que os opostos são freqüentemente equivalentes no mito e no fantasma: se a função do duplo é negar a morte, da mesma maneira que ele a designa, ele a relembra perigosamente e finalmente tende a chamá-la.

O duplo, inicialmente tranqüilizador e protetor, mostra-se então muito ou pouco, em excesso ou em falta, perigoso e inquietante na sua incerteza, nunca no lugar certo, no momento certo, na medida certa. Ele se perde, se separa, se desdobra ou se redobra, se multiplica ao infinito, ou desaparece e termina por ocupar todo o espaço, insistente, obsessivo, assediante. Nessas experiências de duplo, existe sempre a morte no fim, o assassínio ou o abatimento. Desde então, se o duplo faz inicialmente uma tentativa para anular a falta, a perda, a morte, *o regresso do morto representa o fracasso de uma reprodução, a inversão de um processo de reduplicação.*

O trabalho do luto

Freud descreve o luto como um trabalho de substituição de imagens, de lembranças do objeto de amor perdido (1917). Melanie Klein dá ao objeto introjetado, a imagem interiorizada, o estatuto de símbolo no interior do eu (1940). Todo o símbolo é uma obra criativa e reparadora que contém a dor e o luto.

O símbolo e a ausência

Às vezes, esse trabalho de luto não pode ser feito. O objeto perdido torna-se fantasma, aparentemente vivo em tudo o que ele esconde de verdade e, entretanto, irremediavelmente morto. A ilusão do duplo, fotografia ou filme, é tão forte que não estamos mais diante de uma lembrança suave, "embalsamada", transformada também pelo tempo, do esquecimento e da imaginação, mas diante do ser, ele mesmo, repentinamente ressuscitado, voltando a nos olhar e a nos sorrir desde o mais profundo dos tempos.

Porque a repetição impede a simbolização, o duplo detém o trabalho do luto, a aceitação da perda. O outro a quem nos dirigimos ou o outro em si mesmo dão lugar a fantasmas. Devemos lembrar a célebre passagem na qual Freud conta o nascimento do símbolo na criança: ausência/presença da mãe, ao mesmo tempo repetição da perda e substituição do símbolo ao objeto perdido (Freud, 1920). "É preciso que a coisa se perca para poder ser representada" (Lacan, 1966). Todo o processo simbólico é um trabalho de luto pela dimensão da ausência que ele tem o poder de abrir. A ausência não é a morte. O traço não é somente repetição. O poder de relembrar ("era") que contém o luto deve aí gratificar o poder de alucinação ("isso foi e isso voltou").

Se a imagem, graças à ligação 'de emanação' que ela tem com as coisas, corre o risco de ser percebida no seu poder fantasmático de regresso do morto, ela pode também, como as palavras, representar o objeto perdido, engajando um trabalho de luto. O trabalho do filme ou da fotografia, como o trabalho da escrita, permitem uma simbolização graças a essa inscrição entre parênteses, em que o objeto se designa, ao mesmo tempo, presente e ausente, porque é representado na memória e no símbolo.

O traço e a memória

Eu diria que as imagens, as palavras, todos os traços deixados pela passagem das coisas e dos seres, são apenas duplos que se multiplicam ou se perdem, mortos-vivos que retornam com uma insistência obsessiva. Quando Claude Lanzmann realiza *Shoah* para encontrar a memória dos campos de concentração nazistas e da solução final, ele interroga as lembranças das testemunhas dessa história e vai procurar o traço dos acontecimentos nas paisagens e nos objetos. O filme todo é ritmado pelas vias das estradas de ferro, pela passagem dos vagões, das locomotivas, que nos conduzem, novamente, aos lugares da morte, mas que são também uma metáfora do traço deixado pelos acontecimentos e pelos seres, da sua inscrição na memória. Não é repetição nem alucinação, mas recordação (Freud, 1914).

A função do traço consiste na distância entre aquilo que nos é mostrado e o significado para nós, que está necessariamente ausente. O filme é, para a nossa problemática, um exemplo importante. A imagem e o som gravados são, por excelência, os traços: inicialmente o duplo, parecendo repetir, ressuscitar o que ocorreu somente uma vez. Mas também uma inscrição simbólica e então uma possibilidade de mediação e de transmissão: *o traço está nesse em meio a dualidade e a ausência* (Green, 1973).

O TRABALHO DO FILME

O filme em psicologia clínica tem sempre dificuldade a encontrar seu estatuto, exatamente por causa dessa ambigüidade. Os diretores poderiam ser aprendidos pelas duas tentações do filme de tese e do filme documental.

O dado a ver

Num caso, propor um discurso demonstrativo, uma tese, o suporte de exemplos bem selecionados, é utilizar a imagem como uma simples ilustração: procura-se provar e reforçar, pela imagem, os conceitos e as categorias de uma teoria psicológica qualquer que seja. Mas a presença realista da imagem só pode induzir a uma interpretação comportamental dos fenômenos observados, porque ela os mostra no espaço e no tempo. Quando se faz um filme desse tipo, não se pode negligenciar a dimensão singular e histórica de um caso, em proveito de uma construção sistemática, nosológica, comparativa, genética, etc. Nesse caso existe o perigo de provocar no espectador um olhar de 'naturalista': se poderá alguma vez substanciar o inconsciente?

Ao contrário, o filme documental, nessa tendência do chamado 'cinema-verdade', propõe ao espectador documentos concretos da realidade 'tal como ela é', sem nenhuma mediação aparente. Essa tendência aumentou com a proliferação da reportagem televisiva que se espalhou até nos domínios psicológico, sociológico, psicossociológico. Conceber a câmera como um testemunho imparcial e o documento como uma reprodução fiel da realidade é acreditar que é possível pôr entre parênteses a implicação pessoal e a ideologia do realizador; é acreditar também que existe uma verdade psicológica imanente à realidade mostrada. Essa idéia de uma 'transparência' do real encobre, na verdade, um conformismo ideológico que não é confessado: conhecemos todas as manipulações que fazem com que uma 'mensagem' seja passada sem parecer. Entretanto, longe de permitir uma identificação do espectador com o que lhe é mostrado, essa abordagem lhe permite conservar as distâncias, como o realizador conserva as suas. A maior parte das reportagens etnologizam a realidade.

O visível e o invisível

Partiremos, então, de uma dupla necessidade: um filme não pode mostrar uma verdade que seria uma espécie de realidade própria das imagens e dos sons; ele não é igualmente o reflexo ou a emanação de uma realidade concreta da qual ele seria um fragmento, ou seja, ele representa sempre uma interpretação, que oscila entre uma grande subjetividade e uma grande objetividade. Dito de outra maneira, a mensagem de um filme não está no que é mostrado. Num filme recente, *Le Regard Brisé* (Piquet, Giami, 1988), cujo projeto é dar conta das representações do handicap, decidimos não mostrar os excepcionais: o excepcional não é aquele sobre quem projetamos nossos fantasmas, com quem recusamos de nos identificar ou com quem tentamos nos comunicar? Ele está ausente no filme, presente nessa ausência. As imagens tornam-se uma tela nos dois sentidos da palavra: tela para esconder, ali onde não há nada para mostrar, tela para projetar essas figuras que emergem das expressões e das palavras: monstro híbrido, embrião não terminado e interminável, criança ferida, golpeada, objeto raté, dejeto a jogar fora e a refazer, castração no ato, sexo mostrado...

A interpretação

Onde está o traço? Ele está sempre numa ambigüidade: das imagens, das palavras, das seqüências, dos cortes realizados pelos enquadramentos, pelos movimentos do aparelho, a montagem. Realizar um filme é sempre escolher, destacar, cortar, articular. É valorizar um olhar, um gesto, uma palavra. É reunir frases respondidas, reconstruir uma narração, cuja evolução toma sentido e os momentos, valores de acontecimentos, seguir um fio que estava inicialmente distendido, disfarçado ou confuso. É sublinhar o que o discurso revela, e liberar tudo o que mascara e sobrecarrega. É, em resumo, interpretar. Como destaca Serge Leclaire a respeito de *Psyshow* (1985):

"Tudo isso dá uma enorme interpretação. Pelo menos ela não é selvagem, pois se utiliza apenas do que foi dito e temos a certeza de que não podemos pôr qualquer coisa que vem de fora".

O mediador

Nesse sentido, um filme representa sempre um "ponto de vista". Ele é, sem dúvida, redutor, mas ele é também revelador de um sentido que, sem ele, seria carta escondida ou perdida. Ele é o efeito do encontro entre dois discursos, o da 'realidade filmada' e o do realizador. O do urso e o do homem que viu. Nunca o mediador, psicólogo ou realizador poderão, e não deverão fazê-lo como se ele não existisse. Os melhores filmes dão conta da relação do mediador com seu objeto, assim como do seu engajamento na realização do traço. Isso é verdade para um filme, é também verdade para um estudo de caso ou qualquer outro documento. A maior qualidade de *Nick's movies* (Wenders) não é a de mostrar a morte de Nicolas Ray: o que teria ele a ver? O filme termina com o "Corta!" de Nicolas Ray, metáfora da sua morte iminente. O que comove o espectador é a presença do próprio Wim Wenders no filme, é a representação da sua relação com Nicolas Ray e com a sua angústia, é a sua reflexão sobre esse traço que é o filme, na relação com a morte e com a ausência. É a esse preço que o filme poderá, de fato, dirigir-se ao outro, espectador e ouvinte, e o colocar numa posição na qual ele não será nem voyeur nem hipnotizado: ele poderá então se identificar um pouco, ou pelo menos, participar da situação que o realizador foi testemunha. O urso não correrá o risco de perder aí muitas plumas...

BIBLIOGRAFIA

ADORNO, T. W.; FRENKEL BRUNSWIK, E.; LEVINSON, D.; SANFORD, R. *The Autharitaricin Personality*, New York, Harper and Row, 1950.

AICHHORN, A. *Jeunesse à l'abandon,* Toulouse, Privat, 1973.

ALEXANDRE, B.; BIESINGER, I.; PAPIERNIK, E. *Mécanismes en jeu dans l'action de prévention de la prématurité.* Rapport INSERM, 1983.

ALEXANDRE, B.; BEN SLAMA, F.; BERNARD, J.-C. «La prévention communautaire de la prématurité (étude dans une communauté de migrantes maghrébines)». *Points Santé Enfance,* n° 11, p. 12-14, 1987.

ALTHUSSER, L. «Idéologie et appareils idéologiques d'état». *La Pensée,* 151, p. 1-36, 1970.

ANGEL, P.; BOTBOL, M.; FACY, F. *Adolescence et solvants,* Paris, Écho Centurion, 1987.

ANNUAIRE-GUIDE DE LA PSYCHOLOGIE. 2ª éd., n° hors série du *Journal dex Psychologues,* Mars-Juin 1987.

ANZIEU, D. *Le group et l'inconscient.* Paris, Dunod, 1975.

ANZIEU, D. «Le double interdit du toucher», *Nouvelle Revue de Psychanalyse,* n° 89, p. 173-188, 1984.

ANZIEU, D.; CHABERT, C. *Les méthodes projectives.* Paris, P.U.F., 1965.

ARDOINO, J. «Au filigrane d'un discours: la question du contrôle et de l'évaluation», p. IX-XXXIX in: M. Morin, *L'imaginaire dans la formation permanente,* Paris, Dunod, 1976.

ARDOINO, J. «Des allants de soi pédagogiques à la conscientisation critique», p. V-LXV in: F. Imbert, *Pour une praxis pédagogique,* Paris, éd. Matrice, 1986.

ASSOULY-PIQUET, C. «La vidéo et le retour du manque», *Revue de Médecine Psychosomatique,* 3, p. 289-304, 1982. «La chambre ouverte», *Bulletin de Psychologie,* 380, p. 537-544, 1983. «Le retour du mort, à propos de la "Chambre Claire" de Roland Barthes», *Critique,* 459-460, p. 812-824, 1983. «Double, Mère et Mort», *Psychanalyse à l'université,* 42, p. 285-308, 1986a. «Le retournement du sujet et de l'objet», *Bulletin de Psychologie,* 377, p. 783-790, 1986b. «La mort d'un enfant», *Bulletin de Psychologie,* 377, p. 877-891, 1986c. «L'enfant imaginaire de l'entretien», *Psychologie clinique,* 1, 1989, p. 77-100. «La rencontre difficile de l'éléphant et de la gazelle», *Psychologie clinique,* 3, p. 213-229; 1990. «Une session à l'œil, étude sur le regard et les groupes», *Bulletin de psychologie,* 395, p. 548-549, 1990.

ASSOULY-PIQUET, C.; BERTHIER-VITTOZ, F. *Regards sur le handicap*, Paris, Hommes et perspectives, Desclée de Brouwer, 1994.

ASSOUN, P.-L. «Trouble de penser et pensée du trouble», *Nouvelle Revue de Psychanalyse,* 25, p. 77-106, 1982.

AUJOURD'HUI LA VIE. *L'image de soi,* émission télévisée de Michèle De Mai, TFI, 1984.

AULAGNIER, P. *La violence de l'interprétation,* Paris, P.U.F., 1975. «Condamné à investir», *Nouvelle Revue de Psychanalyse,* 25, p. 309-330, 1982.

AVRON, O. «Engagement clinique et théorique dans la recherche», *Bulletin de Psychologie,* 377, p. 797- 799, 1986.

BALINT, M. *Le médecin, son et la maladie,* Paris, Payot, 1966.

BARDIN, N. *L'analyse de contenu,* Paris, P.U.F., 1977.

BARTHES, R. *Mythologies*, Paris, Seuil, 1957. «Rhétorique de l'image», *Communication,* n° 4, p. 40-51, 1964. *Critique et vérité*, Paris, Seuil, 1966. *La chambre claire. Notes sur la photographie*, Paris, Cahiers du Cinéma, Gallimard, 1980.

BARUS-MICHEL, J. *Le sujet social. Étude de psychologie sociale clinique*, Paris, Dunod, 1987.

BATESON, G. *Vers une écologie de l'esprit.* Paris, Seuil, 1980.

BAUDRY, J.-L. «Freud et la création littéraire», *Tel quel. Théorie d'ensemble*, Paris, Seuil, 1968.

BECK, S.-J. *Le test de Rorschach* (2 vol.), Paris, P.U.F., 1967.

BELEY, A. «Sémiologie et nosologie en psychiatrie infantile; position du psychologue clinicien», *Revue Française de Psychologie,* 2, p. 191-193, 1965.

BERCHERLE, P. *Les fondements de la clinique*, Paris, Ornicar, 1980.

BETTELHEIM, B. *Les blessures symboliques*, Paris, Gallimard, 1971.

BERTAUX, D. *Destins personnels et structure de classe*, Paris, P.U.F., 1977.

BLANCHET, A. *Dire et faire dire: l'entretien*, Paris, A. Colin, 1991. «Pragmatique et psychopathologie», in: D. Widlöcher, *Traité de psychopathologie.* Paris, P.U.F., p. 833-921, 1994.

BLANCHET, A. et coll. *L'entretien dans les sciences sociales*, Paris, Dunod, 1985.

BLANCHET, A.; GHIGLIONE, R.; MASSONAT, J.; TROGNON, A. *Les techniques d'enquête en sciences sociales*, Paris, Dunod, 1987.

BLAVIER, A. *Les fous littéraires*, A. Veyrier éd., 1982.

BLEANDONU, G. *La vidéo en thérapie*, Paris, ESF, 1986.

BORGES, J.-L. *L'auteur et autres textes* (1960), tr. fr., Paris, Gallimard, 1965.

BOURGUIGNON, A. *Recherche clinique en psychiatrie*, Paris, éd. INSERM, 1982.

BOURGUIGNON, O. «Recherche clinique et contraintes de la recherche», *Bulletin de Psychologie,* 377, p. 751-760, 1986.

BRELET, F. «A propos du narcissisme dans le T.A.T.», *Psychologie Française*, 26, p. 24-37, 1981.

BULLETIN DU LABORATOIRE DE PSYCHOLOGIE CLINIQUE. *Travaux cliniques, questions de méthode,* 12, 1984-85. *Activités et Publications,* n° 15, 1987.

CANGUILHEM, G. «Qu'est-ce que la psychologie ?», *Cahiers pour l'analyse,* 1, 2, p. 79-93, 1966.

CASTEL, R. *Le psychanalyse,* Paris, Maspéro, 1973.

CHABERT, C. *Le Rorschach en clinique adulte. Interprétation psychanalytique,* Paris, Dunod, 1983.

CHAMBOREDON, J.-C. «La délinquance juvénile. Essai de construction d'objet», *Revue française de sociologie,* XII, p. 335-337, 1971.

CHASSEGUET-SMIRGEL, J. «Esthétisme et perversion», in: *Créativité et/ou symptôme* (Nicolaïdis, Schmid-Kitsikis), Paris, Clancier Guénaud, 1982.

CHILAND, C. *L'entretien clinique,* Paris, P.U.F., 1983.

COMITÉ DE LIAISON DES CENTRES DE FORMATION PERMANENTE ET SUPÉRIEURE EN TRAVAIL SOCIAL. *Produire les savoirs du travail social* (Actes da 3ᵉ colloque de la recherche en travail social), Paris, 1988. «Conversation sur le cas clinique», *Analytica,* 32, p. 53-58, 1987.

DEJOURS, C. «La théorie psychanalytique du sujet face au développement scientifique (sciences biologiques et sciences sociales)», *Les Cahiers de l'I.P.P.C.,* n° 5, p. 67-84, 1988.

DELEUZE, G.; GUATTARI, E. *Capitalisme et schizophrénie. L'Anti-Œdipe,* Paris, éd. de Minuit, 1972.

DEVEREUX, G. *Ethnopsychanalyse complémentariste,* Paris, Flammarion, 1972. *De l'angoisse à la méthode dans les sciences du comportement,* Paris, Flammarion, 1980.

De VOS G.-A. *Socialization for achievement,* Berkeley, Los Angeles, London. Univ. of California Press, 1973.

DOLTO, E. *Le cas Dominique*, Paris, Seuil, 1971. *L'image inconsciente du corps*, Paris, Seuil, 1984.

DONNET, J.-L.; GREEN, A. *L'enfant de ça. Psychanalyse d'un entretien. La psychose blanche*, Paris, éd. de Minuit, 1973.

DOUVILLE, O. «Clinique de la mélancolie à l'épreuve du Rorschach», *L'information psychiatrique*, 6, p. 581-591, juin 1992.

DUBOST, J. «Une analyse comparative des pratiques dites de Recherche-Action», *Connexions*, 43, p. 9-28, 1984.

DUMOULIN, M.-P. *Le secret féminin. Quand la pédiatrie rencontre l'adolescente*. Paris 7, Thèse ronéotée, 1988.

D'UNRUG, M.-C. *Analyse de contenu et acte de parole*, Paris, éd. universitaires, 1974.

DURNING, P.; FABLET, D. "La réunion de synthèse: analyse comparative dans trois internats d'enfants", *Handicaps et Inadaptations*, 20, p. 5-18, 1982.

DURNING, P. *Éducation et suppléance familiale en internat*, Paris, éd. du CTNERHI, 1985. "Entre l'expérimentation en extériorité et l'intervention institutionnelle: la recherche clinique de terrain", *Connexions*, 49, p. 107-118, 1987.

DWORETZKI, G. *Le test de Rorschach et l'évolution de la perception*, Genève, Naville, 1939.

ELEB-VIDAL, M. *Se construire et habiter. Proposition d'analyse psychosociale clinique*, Paris 7, Thèse ronéotée, 1980.

ESCOBAR, A. *L'espace, le temps, la clôture. Vers une clinique de l'enfermement*, Paris 7, Thèse ronéotée, 1987 (à paraître).

FAVARD, A. M. «Du paradigme perdu à l'élaboration d'une recherche clinique», *Handicaps et Inadaptations*, 28, p. 1-8, 1984.

FAVEZ-BOUTONIER, J. «Psychanalyse et philosophie», *Bulletin de la Société Française de Philosophie*, 1, p. 1-41, 1955. *La psychologie clinique: objet, méthodes, problemes*, Les cours de la Sorbonne, 1959 et

1962. «La naissance du Laboratoire de psychologie clinique de la Sorbonne», *Bulletin du Laboratoire de psychologie clinique individuelle et sociale*, 7, p. 11-17, 1979. Interview réalisée en juin 1988 (Laboratoire de Psychologie clinique).

FAVRET-SAADA, J. *Les mots, la mort, les sorts*, Paris, Gallimard, 1977. *Corps pour corps*, Paris, Gallimard, 1981 (avec Josée Contreras).

FÉDIDA, P. «Perception et compréhension cliniques en psychologie. Instrumentalité et concepts», *Bulletin de Psychologie,* n° 270, p. 908-929, 1968, repris dans *Le concept et la violence*, Paris, U.G.E., 10-18, 1977. *L'absence*, Paris, Gallimard, 1978.

FOUCAULT, M. *Maladie mentale et psychologie*, Paris, P. U. E., 1 960. *Naissance de la clinique*, Paris, P.U.F., 1963. *Moi, Pierre Riviére...,* Paris, Gallimard, 1973. *La volonté de savoir*, Paris, Gallimard, 1976.

FREUD, S. *L'interprétation des rêves* (1900), Paris, P.U.F., 1967. «L'homme aux rats» (1909), «Le Président Schreber» (1911), «Lhomme aux loups» (1918), in: *Cinq psychanalyses*, Paris, P.U.F., 1954. «Remémoration, répétition, perlaboration» (1914), tr. fr., in: *La technique psychanalytique*, Paris, P.U.F., 1972. «Deuil et mélancolie» (191 7a), tr. fr., in: *Métapsychologie*, Paris, Gallimard, 1968. «Une difficulté de la psychanalyse» (1917b), tr. fr., in: *Essais de psychanalise appliquée*, Paris, Gallimard, 1933. «L'inquiétante étrangeté» (1919), tr. fr., in: *Essais de psychanalyse appliquée,* Paris, Gallimard, 1933. «Au-delà du principe de plaisir» (1920), tr. fr., in: *Essais de psychanalyse appliquée*, Paris, Gallimard, 1933. «La négation» (1925) traduction nouvelle et commentaire de Thèves et This, *Le Coq Héron,* n° 8. «Notice sur le bloc magique» (1925), *Revue française de Psychanalyse*, 5, p. 1107-1110, 1981. *Ma vie et la psychanalyse* (1925), Paris, Gallimard, 1950. *Nouvelles conférences sur la psychanalyse* (1932), Paris, Gallimard, 1936.

GAGEY, J. «La psychologie clinique», *E.M.C.,* 37302 A 17, Paris, p. 1-8, 1980.

GALAP, J.; DOUVILLE, O. «Scolarisation et enfants de migrants», *Cahiers d'anthropologie et de biométrie humaine*, 1, p. 21-57, 1984.

GAULEJAC de V. "Irréductible social, irréductible psychique, éléments d'une problématique", *Bulletin de Psychologie*, 377, p. 545-557, 1986. *La névrose de classe*, Paris, Hommes et groupes, 1987.

GEFFROY, Y.; ACCOLA, P.; ANCELIN SCHUTZENBERGER, A. *Vidéo, formation et thérapie*, Paris, EPI, 1980.

GERHARDT, U. "Introductpry essay: qualitative research on chronic illness. The issue and the story", *Soc. Sci. Med*, XXX, 11, p. 1149-59, 1990.

GHIGLIONE, R. *L'homme communiquant*, Paris, Armand Colin, 1986.

GIAMI, A. «La recherche clinique au risque de l'intervention», *Handicaps et Inadaptations*, 28, p. 69-72, 1984. «La prise en compte du cadre et des processus dans un dispositif de recherche», *Bulletin de Psychologie*, 377, p. 769-776, 1986. «L'approche comparative, son utilité pour l'analyse des représentations», *Psychologie clinique*, 1, p. 113-127, 1989.

GIAMI, A.; BERTHIER, E.; GOSSELIN, E. «Emprise et dégagement de la famille d'origine: post adolescents ou jeunes adultes ?», *Bulletin de Psychologie*, 382, p. 851-856, 1987.

GIAMI, A.; BERTHIER, E.; PIQUET, C. *La figure fondamentale du handicap Représentations et figures fantasmatiques*, recherche MIRE et GERAL, Paris, 1988.

GIAMI, A.; GIUST, A. *Malaise des praticiens* (implication personnelle et identité professionnelle à propos de la sexualité des handicapés mentaux), post-face de Claude Veil, Paris, GERAL, ronéoté, 1986.

GIAMI, A.; GIUST, A.-C. «Les résistances et les défenses contre le dévoilement de l'implication personnelle», *Psychiatrie Française*, 2, p. 7 1-76, 1987. «Le groupe comme métaphore de l'institution», *Psychologie Clinique,* 3, p. _____ 17-27, 1987.

GOSSELIN, F. *Les plaintes des femmes à l'occasion du souhait de changement de méthode contraceptive*, Paris 7, Thèse ronéotée, 1985.

GREEN, A. «Le double et l'absent», *Critique*, 312, p. 391-412, 1973.

GRUNIG, B.-N. *Actes du Congrés National de la Société Française de Psychologie*, Paris, 1987.

GUILLAUMIN, J. «La signification scientifique de la psychologie clinique», *Bulletin de Psychologie*, 270, p. 936-949, 1968. *La dynamique de l'examen psychologique*, Paris, Dunod, 1977. «Pour une méthodologie générale des recherches sur les crises», p. 220-254, in R. Kaes (éd.), *Crise, rupture et dépassement*, Paris, Danod, 1979.

GUYOTAT, J. et coll. *Mort, naissance et filiation*, Paris, Masson, 1980.

HARRISON-COVELLO, A.; BARREAU, J.-J.; BOURDAIRE, S.; LAIRY, G.-C. «Pour une méthodologie nouvelle de la recherche clinique en psychiatrie», *L'Évolution Psychiatrique*, 1, p. 245-251, 1984.

HOFFMAN, H. «Verbal hallucinations and language production processes in schizophrenia», *The Behavioral and Brain Science*, 9, p. 503-548, 1986.

HUBER, W. *La psychologie clinique aujourd'hui*, Bruxelles, Mardaga, 1987.

HUGUET, M. *Les fémmes dans les grands ensembles*, Paris, éd. du C.N.R.S., 1971. «Structures de sollicication et incidences subjectives», *Bulletin de Psychologie*, 360, p. 511-515, 1983. *L'ennui ou la douleur du temps*, Paris, Masson, 1987. «La méthode clinique», in: F. Couchart, M. Huguet, D. Matalon, *La pychologie et ses méthodes*, M. C. Lambotte dir., Paris, De Fallois, 1995.

INSERM. *La recherche-action en santé*, Paris, La documentation française, 1985. *3ª Colloque National d'Animation de la recherche: Recherche Clinique*, Paris 26-27, Février 1988.

JEAMMET, N. «Ebauche d'une méthodologie dans le champ de la recherche clinique», *Psychiatrie de l'enfant*, 2, p. 439-485, 1982.

JEANNET, M. «La psychologie expérimentale le changement ? connais pas...», *Connexions,* 45, p. 37-72, 1985.

KASPI, R. «Le cas de Mme OGGI», p. 147-183 in: René Kaës et coll., *Crise, rupture et dépassement*, Paris, Dunod, 1979.

KHAN, M. «Du vide plein la tête'», *Nouvelle Revue de Psychanalyse*, n° 25, p. 161-197, 1982. *Passion, solitude et folie*, Paris, Gallimard, 1985.

KLEIN, M. *Essais de psychanalise* (1940), tr. fr., Paris, Payot, 1968.

KOHN, R. «La recherche par les praticiens l'implication comme mode de production de connaissances», *Bulletin de Psychologie*, 377, p. 817-830, 1986.

KUNDERA, M. *L'insoutenable légèreté de l'être*, Paris, Gallimard, 1984.

LABOV, W.; FANSHEL, D. *Therapeutic discourse*, New York: Adademic Press, 21977.

LACAN, J. «Remarques sur le rapport de Daniel Lagache», p. 647-684, in: *Écrits*, Paris, Seuil, 1966. *Écrits*. Paris, Seuil, 1966. *Le Séminaire*. Livre XI, Les quatre concepts fondamentaux de la psychanalyse, Paris, Seuil, 1973. *Le Séminaire*, Livre II. Le Moi dans la théorie de Freud et dans la technique psychanalytique, Paris, Seuil, 1978. *Le Séminaire*, Livre III, Les Psychoses, Paris, Seuil, 1981.

LAGACHE, D. «Psychologie clinique et méthode clinique», *L'évolution Psychiatrique*. I, p. 155-178, 1949. *L'unité de la psychologie*, Paris, P.U.F, 1949. «La rêverie imageante, conduite adaptative au test de Rorschach», *Bullerin du groupement français du Rorschach*, 9, p. 3-11, 1957.

LAING, R.-D. *Le Moi divisé* (1959), tr. fr., Paris, Stock, 1970.

LANZMANN, C. *Shoah*, film.

LAPLANCHE, J. «Interpréter avec Freud», *Arc*, 34, p. 37-46, 1962. *Nouveaux fondements pour la psychanalyse*, Paris, P.U.E., 1987.

LEBOVICI, S. et coll. *Le nourrisson, sa mère et le psychanalyste*, Paris, Paidos/Le centurion, 1983.

LECLAIRE, S. «Psy show: une expérience, des questions», p. 99-110, in: *Un siécle de recherches freudiennes'*, Toulouse, Erès, 1986.

LE GUEN, C. «Quand je me méfie de ma mémoire», *Revue Française de Psychanalyse,* 5, p. 1111-1140, 1981.

LE POULTIER, E. « Les travailleurs sociaux et la pratique de la recherche appliquée. Analyse critique de cinq modèles de formation», Connexions, 46, p. 27-44, 1985. Les Méthodes Projectives et Leurs Application Pratiques», *Bulletin de psychologie,* 406, XLV, 1991-1992. *L'être PSY.* Journal des étudiants de Censier. Paris 7, nº 1, 1987, «Quel statut pour les psychologues ?», p. 4-9.

LEVI STRAUSS, C. *Tristes tropiques,* Paris, Plon, 1955. *Anthropologie structurale,* Paris, Plon, 1958. *La pensée sauvage,* Paris, Plon, 1962.

LEYENS, J.-P. *Somes-nous tous des psychologues ? Approche psychosociale des théories de la personnalité,* Bruxelles, Mardaga, 1983.

LOURAU, R. *L'analyse institutionnelle,* Paris, éd. de Minnuit, 1971.

MALLET, R. «Quelques étapes des vingt ans de vie du Laboratoire de Psychologie clinique de la Sorbonne», *Bulletin du Laboratoire de psychologie clinique individuelle et sociale,* 7, p. 9-29, 1979.

MARTIN, C. *Les recherches-actions sociales. Miroir aux alouettes ou stratégie de qualification,* Paris, La documentation française, MIRE, 1986.

MAZEROL, M.-T. «La rencontre de l'Autre dans la recherche en psychologie clinique», *Annales de Vaucresson,* 19. p. 52-66, 1982.

MILGRAM, S. *Obedience to Authority: ao experimental view,* New York, Harper and Row, 1974.

MINKOWSKA, E. *Le Rorschach à la recherche du monde des formes,* Paris, Desclée de Brouwer, 1956.

MONOD, M. «L'intervention psychologique chez l'enfant», *Bulletin de Psychologie,* 339, p. 137-148, 1979.

MORVAN, J.-S. «Travail social et recherche: de la recherche de savoirs aux savoirs de recherche», *Handicaps et Inadaptations,* 28, p. 85-90, 1984.

MUCCHLELLI, R. *La dynamique du Rorschach*, Paris, P.U.F., 1968.

MURRAY, H.-A. *Manuel du Thematic Aperception Test*, Cambridge, 1943, tr. fr., Centre de Psychologie Appliquée, Paris, 1950.

NATHAN, T. «Prolégomènes à une théorie générale des opérateurs thérapeutiques», *Nouvelle revue d'ethnopsychiatrie*, 8-9, p. 7-19, 1987.

NGUYEN, K.-C. «La création projective: qu'est-ce que cela dit de l'intériorité ?», *Psychologie clinique*, 2, p. 79-93, 1989. «Le dessin d'enfant, un message multidimensionnel», Les Cahiers de l'IPPC, 12, p. 101-108, avril 1991.

NOVAES, S. *La demande d'avortement*, Thèse ronéotée, E.H.E.S.S., Paris, 1979. «La procréation impossible», *Dialogue,* n° 87, p. 86-97, 1985.

OLINDO WEBER, S. *L'acte suicide. Un rite intime de passage*, Paris, Hommes et groupes, 1988.

OMBREDANE, A. *L'exploration de la mentalité dei noirs*, Paris, P.U.F., 1969.

PALEM, R.-M. *Le Rorschach dei schizophrènes*, Paris, éd. universitaires, 1969.

PAGÈS, M. *L'orientation non directive en psychothérapie et en psychologie sociale*, Paris, Dunod, 1970 (2ᵉ édition). *La vie affective des groupes*, Paris, Dunod, 1968. «Des défis stimulants pour la psychanalyse», *Autrement*, n° 43, p. 203-207, 1982. *Trace ou sens. Le système émotionnel*, Paris, Hommes et groupes, 1986.

PAPETTI, FREMINVILLE, TISSERON,VALIER. *La passion des étoffes chez un neuro-psychiatre. G. de Clérambault*, Paris, Solin, 1980.

PARSEVAL de, G.; JANAUD, A. «Le père qui venait du froid», *L'information psychiatrique*, n° 10, p. 1167-1174, 1981.

PEDINIELLI, J.-L. *Introduction à la psychologie clinique*, Paris, Nathan, 1994.

PERRON, R. «Les problématiques de la preuve dans les démarches de la psychologie clinique. Plaidoyer pour l'unité de la psychologie», *Psychologie Française*, T. 24, p. 37-50, 1979. «Otez-moi d'un doute», *Revue Française de Psychanalyse*, 5, p. 937-952, 1982. «Le charme discret de la méconnaissance» in: *Monographies françaises de psychologie*, Paris, éd. du C.N.R.S., 1986.

PERRON, R.; PERRON-BORELLI, M. *L'examen psychologique de l'enfant*, Paris, P.U.F., 1970 (Coll. sup.).

PERSPECTIVES PSYCHIATRIQUES. «La vidéo en psychiatrie». nº 93, 1983.

PIQUET, C. *Profession: chercheur*, film vidéo, 53', BVU couleur, avec J. Favret-Saada, R. Perron, A. Touraine, Production U.A.V. E.N.S. de Saint-Cloud, Laboratoire de Psychologie Clinique de Paris 7.

PIQUET, C.; GIAMI, A. Le regard brisé, sur les représentations du handicap, vidéo, BVU PAL, 55', ENS de Fontenay Saint-Cloud, CCASS, 1988.

PLAZA, M. «Pouvoir phallomorphique et psychologie de la femme», *Questions féministes*, 1. p. 91-117, 1977. *Imputation de maladie mentale, témoignage de folie. La representation de la folie chez les malades mentaux*. Thèse de psychologie, ronéotee, Paris 10, 1984. *Écriture et folie*, Paris, P.U.F., 1986.

POLLAK, M.; HEINICH, N. «Le témoignage», *Actes de la recherche en sciences sociales*, 62-63, p. 3-29, 1986.

PONS, E. «La psychologie clinique: un constat», *Cliniques Méditerranéeunes*, 7-8, p. 33-52, 1985.

PORGE, E. «La présentation de malades», *Littoral*, 17, p. 25-49, 1985. «La présentation de malades: Charcot, Freud, Lacan, aujourd'hui», p. 87-88, in: *Un siècle de recherches freudiennes*, Toulouse, Erès, 1986.

PRÉVOST, C. *Janet Freud et psychologie clinique*, Paris, Payot, 1973. «La clinique et les conduites: de quelques fantasmes de vérité», *Cliniques Méditerranéenes*, 7-8, p. 15-32, 1985.

PSYCHIATRIE FRANÇAISE. «Entre théorie et pratique. Fonctions de la pensée théorique», n° spécial, 1986.

PSYCHOLOGIE CLINIQUE. «Clinique des relations instituées», n° 13, 1987.

PSYCHOLOGIE CLINIQUE IV. «Psychologie sociale clinique à l'université Paris 7,. Enseignements, travaux des étudiants et des enseignants» in: *Bulletin de Psychologie*, 349, 1981.

PSYCHOLOGIE CLINIQUE VI. «Actes du colloque Frontières et articulations du psychologique et du social» in: *Bulletin de Psychologie*, 360, 1983.

PSYCHOLOGIE CLINIQUE VIII. «Actes du colloque Recherche clinique et clinique de la recherche: la rigueur, le contre-transfert du chercheur, et de la journée Approches de l'émotion» in: *Bulletin de Psychologie*, 377, 1986.

RANK, O. *Don Juan et le Double* (1914) tr. fr. Paris, Payot, 1973.

RAUSCH de TRAUBENBERG, N. *La pratique du Rorschach*, Paris, P.U.F., 1980. «Le Rorschach espace d'interactions», *Psychologie Française*, 28-32, p. 100-103, 1983.

RAUSCH de TRAUBENBERG, N.; BOIZOU, M.-F. «Les mécanismes de défense et leur expression Rorschach chez l'adulte et chez l'enfant», *Bulletin Soc. fr Rorschach et des Méthodes Projectives*, 29-30, p. 5-21, 1976.

RECANATI, F. *Les énoncés performatifs*, Paris, éd. de Minuit, 1981.

REUCHLIN, M. *Histoire de la psychloogie*, Paris, P.U.F., 1957 (Que sais-je ?). *Être, faire, avoir un enfant*, Paris, Plon, 1991. Nouv. éd. Paris, Payot, PBP n° 182, 1994.

REVAULT d'ALLONNES, C. *Le mal joli: Accouchements et douleur*, Paris. UGE, 10-18, 1976. «Les bases de la recherche clinique» p. 43-58 in A. Bourguignon (éd.), *Recherche clinique en psychiatrie*, Paris, éd. INSERM, 1982. «Désir, non désir d'enfant(s) ou plutôt le désir d'enfant en question», *Bulletin Soc. Fr. Psychoproph. Obstét.*, 103, p. 7-9, 1985. «La recherche clinique», *Bulletin Labo. Psychologie Clinique,* 12, p. 107-114, 1984/85. «Ouverture: repères pour la recherche clinique», *Bulletin de Psychologie,* 377, p. 739-742, 1986. «Entretien non directif de recherche/entretien clinique» p. 183-190 in: A. Blanchet et coll. *L'entretien dans les sciences sociales,* Paris, Dunod, 1985. *Être, faire, avoir un enfant,* (1ʳᵉ édition Paris, Plon, 1991), Payot – P.B. n° 182, 1994.

REVAULT d'ALLONNES, C.; BARUS-MICHEL, J. «La psychologie sociale» E.M.C., 37031 E 10, 7, 1980, p. 1-6 repris dans *Bulletin de Psychologie,* 349, p. 239-245, 19821.

RICHARD, J.-F. *L'acrivité mentale,* Paris, Armand Colin, 1988.

ROSSEL, E.; MERCERON, C.; HUSAIN, O. «Réflexions critiques concernant l'utilisation des techniques projectives», *Bulletin de Psychologie,* 376, p. 721-728, 1986.

ROSSET, C. *Le réel et son double,* Paris, Gallimard, 1976. *Le réel, traité de l'idiotie,* Paris, Minuit, 1977.

ROUDINESCO, E. *Histoire de la psychanalyse en France. La bataille de cent ans,* Paris, Seuil, 1986 (deux tomes).

ROUMETTE, S. «Pharmacies», *L'âne,* 19, p. 45-46, 1984. *Le pont de l'amour,* film 16 mm, couleur, médium 5, 1985.

ROUSSEL, L.; BOURGUIGNON, O. *La famile après le mariage des enfants,* Paris, INED, P.U.F., 1976 (cahier n° 78).

SAMALIN-AMBOISE, C. *Identité personnelle, identité professinnelle et processus d'aménagement, à propos de quelques institutrices d'école maternelle.* Thèse Paris 7, ronéotée, 1984. «La prise de distance ou l'autre scène de l'implication», *Bulletin de Psychologie,* 377, p. 809-816, 1986. *Vivre à deux Processus d'emprise et de dégagement dans la famille monoparentale,* Bruxelles, Mardaga, 1994.

SAMI-ALI, M. *L'espace imaginanaire,* Paris, Gallimard.

SAMUEL-LAJEUNESSE, B.; GUELFI, J.-D. *Psychopathologie: Études de cas,* Paris, P.U.F., 1975.

SARTRE, J.-P. *Huis clos*, in Théâtre, Paris, Gallimard, 1947.

SEGAL, H. «Délire et créativité», in: *Créativité et/ou symptôme* (Nicolaïdis, Schmid Kitsikis), Paris, Clancier-Guénaud, 1982.

SCHANK, R.-C.; ABELSON, R. *Scripts, plans, goals understatements*, Hillsdale New Jersey, Erlbaum, 1977.

SCHIMEK, J. «The construction of transference: the relativity of "here and now" and the "there and then"», *Psychoanalysis and contemporary thought*, 3, p. 434-456, 1983.

SEARLE, J.-R. *Les actes du langage*, Paris, éd. de Minuit, 1972.

SHENTOUB, V. «Recherche du thème banal dans le T.A.T., population normale et pathologique», *Psychologie* de l'enfant, III, Paris, P.U.F., 1961. «Thematic Aperception Test (T.A.T.) théorie et méthode», *Psychologie Française*, 1987.

SHENTOUB, V.; DEBRAY, R. «Fondements théoriques du processus T.A.T.», *Bulletin de Psychologie*, 24, p. 292, 1970.

SHENTOUB, V.; SHENTOUB, S. A. «Contribution à la recherche de validation du T.A.T.: Feuille de dépouillement», *Revue de Psychologie Appliquée*, 8, 1958.

STEVENSON, R.-L. *L'étrange cas du Dr Jekyll et de Mr Hyde* (1886), tr. fr. Paris, Marabout, 1947.

STOKER, B. *Dracula* (1897), tr. fr. Marabout, 1973.

STOLLER, R. «La perversion et le désir de faire mal», *Nouvelle revue de Psychanalyse*, 29, p. 147-172, 1984.

THÉVOZ, M. *Écrits bruts*, Paris, P.U.F., 1979.

THOM, R. «La méthode expérimentale: un mythe des épistémologues (et des savants ?)», *Le Débat*, 34, p. 11-20,1985.

TOURAINE, A. «Introduction à la méthode de l'intervention sociologique» in: *La méthode de l'intervention sociologique*, Paris, Atelier d'intervention sociologique, 1984.

VALLÉE, E. *Pas d'enfant dit-elle*, Paris, éd. Tierce, 1981.

VEIL, C. «Potentiels vitalisant et mortifiant de la rigueur en clinique», *Bulletin de Psychologie*, 377, p. 755-760, 1986.

VILLERBU, L. M. *Psychopathologie projective*, (préf. C. Lanteri-Laura), éd. ARCP, Laboratoire de cliniques psychologiques, université Renne-2.

VOLKMAR, C. «De la légitimation à la légitimité: l'aventure épistémologique des praticiens chercheurs», *Psychologues et psychologies*, 73-74, p. 19-24, 1986.

WENDERS, W. *Nick's movie*, film 35 mm.

WHITEHEAD, A.-N.; RUSSEL, B. *Principia Mathematica*, Cambridge, Cambridge Univers. Press, 1913.

WILDE, O. *Le portrait de Dorian Gray* (1891), tr. fr. Paris, Stock, 1973.

WIDLOCHER, D. *Métapsychologie du sens*, Paris, P.U.F., 1986.

WINNICOTT, D.-W. *La consultation thérapeutique et l'enfant*, Paris, Gallimard, 1971.